A la Manera de los Jóvenes

Sentido común budista para manejar las preguntas sobre la vida

Daisaku Ikeda

MIDDLEWAY
PRESS

Editado por Middleway Press
Una división de SGI-USA
606 Wilshire Boulevard, Santa Mónica, CA 90401

© 2003 Soka Gakkai

ISBN 0-9674697-3-2

Diseño de la cubierta y el interior de Lightbourne

Impreso en EE.UU.

10 9 8 7 6 5 4 3 2 1

Library of Congress Cataloging-in-Publication Data

Ikeda, Daisaku.
  [Way of youth. Spanish]
  A la manera de los jóvenes : las preguntas de la juventud sobre la
vida real respondidas desde una perspectiva budista / Daisaku Ikeda.
    p. cm.
ISBN 0-9674697-3-2 (softcover : alk. paper)
  1. Religious life--Soka Gakkai. 2. Youth--Religious life. 3.
Youth--Conduct of life. I. Title.
  BQ8436.I36 2003
  294.3'444'0835--dc21   2002155218

PRÓLOGO

A los diecinueve años, profundamente insatisfecho porque
me veía incapaz de dirigir el rumbo de mi vida, y bastante
sorprendido por la dirección que parecía estar tomando el
mundo moderno, empecé a practicar el budismo. Parecía ser
la única filosofía que, sin contradecir mi visión racional y
científica del universo, reconocía su misterio y su lado maravilloso. El budismo contemplaba el universo y el lugar que
en él ocupa la humanidad, con total dignidad y libertad.

En los diez años que han pasado desde entonces, mi
aprecio por las ideas budistas se ha intensificado. Es más, con
la práctica budista he impulsado mi vida de un modo que
nunca hubiera imaginado. En muchos aspectos, debo este
sentimiento de satisfacción a Daisaku Ikeda. Como dirigente
de Soka Gakkai International, la organización budista laica
de la cual soy miembro, ha trabajado incesantemente para
animar e iluminar a millones de personas en todo el mundo.

Mis compañeros seglares y yo entonamos el Nam-
myojo-rengue-kyo cada mañana y cada noche, como parte
de nuestra práctica diaria. Recomiendo de corazón a todas
las personas que prueben esta práctica para su crecimiento
y enriquecimiento personal. Pero aparte de esta frase, la
filosofía budista, concretamente tal como la explica Daisaku
Ikeda, comprende un mundo de ideas que puede resultar
sumamente beneficioso tanto para los budistas como para
los no budistas. Dicho de otro modo, aunque no practique
el budismo sacará mucho partido a este libro. Esto se debe
a que, a efectos prácticos, el budismo es razón.

Evidentemente, la mayoría de nosotros sabemos que no
siempre utilizamos el sentido común, que no siempre vemos
las cosas de un modo razonable.

Marvin Minsky, el visionario de la informática, lo explica muy bien. Afirma: "El sentido común no es sencillo. Al contrario, es una sociedad inmensa de ideas prácticas bien merecidas, de múltiples reglas y excepciones, disposiciones y tendencias, equilibrios y comprobaciones aprendidos durante la vida". Ésta es una descripción bastante buena del budismo.

En las siguientes páginas, leerán una serie de preguntas y preocupaciones planteadas por jóvenes a Daisaku Ikeda. Aunque algunas de ellas puedan parecer simples, detrás hay ideas muy profundas. El consejo que nos da es compasivo y alentador. Siguiéndolo, conseguimos reconocer nuestra capacidad para controlar nuestro propio destino. Yo encuentro, que ofrece un consejo conmovedor sobre el amor y las relaciones que me podría haber ahorrado mucho dolor si lo hubiera tenido hace diez años.

Afortunadamente, los consejos que recibí me dieron fuerzas para decidirme a cambiar las cosas de mi vida que me estaban impidiendo cumplir mis metas creativas. Antes de empezar a practicar el budismo y leer los consejos de Daisaku Ikeda, no me atrevía a cantar en público. No gustaba de mi propia voz y era horriblemente tímido en escena. No es casual el hecho de que, siete años después, mi primer álbum fuera disco de oro, me nominaran para los Grammy como Mejor interpretación vocal masculina, e hiciera giras por todo el mundo, actuando frente a millones de personas.

Últimamente he leído mucho sobre computadoras y su evolución en nuestro mundo. Basta con decir que, según todos los informes, en las próximas décadas nos inundarán un montón de cambios que no podemos imaginar: cambios que modificarán completamente el panorama de nuestra sociedad desde el punto de vista social, cultural y político.

Evidentemente, la vida misma es constante cambio. Como muchos han señalado ya, la única constante es el cambio. Por eso, es fundamental en estos tiempos encontrar una filosofía que pueda guiarnos para abrazar los cambios positivos y enseñarnos cómo enfrentar los cambios negativos.

El aspecto verdaderamente importante que subraya constantemente Daisaku Ikeda es que nosotros, la generación joven, somos quienes debemos guiar estos cambios y crear este mundo nuevo. No sólo tenemos la capacidad inherente para provocar estos cambios, sino que somos responsables de hacerlo de un modo sensato y compasivo. Gracias a Daisaku Ikeda, he descubierto que la vida, desde la perspectiva budista, puede ser rica, fascinante y, en última instancia, feliz. Y creo que de eso se trata, de ser feliz, creativo, de apreciar intensamente la vida y sus maravillosas manifestaciones.

— Duncan Sheik

PREFACIO

"¡Tengo un sueño!" fueron las palabras del Dr. Martin Luther King, hijo. ¿Cuáles son tus sueños? ¿Cuáles son tus ilusiones? No hay nada más fuerte que una vida llena de ilusión.

Todos los días recibo cartas de jóvenes de todo el mundo y, siempre que puedo, hablo con los hombres y las mujeres jóvenes. Muchos están llenos de ilusión y entusiasmo, pero otros parecen apesadumbrados por problemas de diversos tipos.

La juventud es la etapa de crecimiento y cambio, pero también puede ser una etapa de grandes preocupaciones. A veces, los jóvenes se sienten enfermos en la sociedad con mucha facilidad, como si les hubiesen abandonado en una especie de jungla o campo de batalla. Es posible que sientan que no tienen a nadie en quien confiar, que nadie se preocupa por ellos o que no tienen ninguna meta en la vida. ¿Está bien subestimarse tanto? ¿Existen motivos para tener una opinión tan mala de nosotros? No hay nadie que no tenga alguna misión, algún objetivo en este mundo.

Esta sensación de tener una misión y un objetivo es lo que da un significado claro y satisfacción a la vida.

Cuando tenía diecinueve años, conocí a Josei Toda, el hombre que se convirtió en mi maestro para toda la vida. Todavía no he podido olvidar las palabras amables que me dirigió hace más de cuarenta años, cuando estaba atravesando una época difícil. "Daisaku", me dijo, "los jóvenes tienen que tener problemas. ¡Los problemas son lo que hacen de ti una persona de primera categoría!" Todas las mañanas, hasta los domingos, Josei Toda, se convertía en mi tutor personal, y me enseñaba todo tipo de lecciones. Y yo, siempre que he podido, he tratado de hablar del mismo modo con los jóvenes. De estas conversaciones surgió el material de este libro. Evidentemente, la mayoría de esas conversaciones las mantuve con jóvenes japoneses. Pero estoy seguro de que los temas de los que hablamos — familia, amigos, sueños, metas en la vida — les preocupan a los jóvenes de todo el mundo.

En la mayoría de los casos, los jóvenes con quienes hablé y yo teníamos en común la práctica del budismo de Nichiren. Nichiren, un maestro y reformista del budismo japonés del siglo XIII, enseñó que cada vida humana tiene un potencial infinito, y mostraba un método muy sencillo por el cual todo el mundo puede alimentar este potencial y encontrar la verdadera felicidad en la vida, un método que aprendió en el Sutra del Loto.

Esta filosofía que enseñó Nichiren se basa en el respeto absoluto por la vida y el valor de cada individuo. Y como deseo compartir esta filosofía universalmente válida con los lectores normales de América y otros países anglófonos, he pedido ayuda a los editores de Middleway Press para elaborar este libro, basado en una serie de charlas que mantuve con alumnos de la secundaria. Naturalmente, algunas de las preguntas que surgieron durante estas conversaciones resultaron muy difíciles de contestar porque no estoy especializado en los temas que tocaron. Me gustaría poder hablar con cada joven por separado y aprender exactamente lo que le está afectando; tal vez entonces podría dar una respuesta más precisa a cada pregunta. Pero espero que mis pensamientos sobre los distintos temas planteados ayuden a los lectores a ver el problema desde una nueva perspectiva, que tengan un nuevo modo de planteárselo. Y cuando se trate de problemas de un tipo especial, insto a los jóvenes que pidan consejo a una persona mayor que ellos en la que confíen.

Los genios y las personas dotadas de un talento especial son una escasa minoría; la gran mayoría de la sociedad está formada por gente normal y corriente. Yo soy un hombre normal sin ningún pasado especial. Durante mi juventud me enfrenté a los mismos problemas que la mayoría de los jóvenes, aunque, como vivía en Japón, justo después de la Segunda Guerra Mundial, crecí en un entorno devastado por la guerra. Escribí este libro con la esperanza de que los jóvenes puedan beneficiarse de los consejos de alguien como yo, que ha tenido algo más de experiencia de la que tienen ellos. En lugar de dar sermones como aquellos que creen y afirman tener un entendimiento superior, espero que mis lectores acepten el punto de vista de alguien que ha caminado hasta llegar un poco más lejos que ellos en el camino de la vida.

Uno de los objetivos que me he fijado en esta vida es ayudar a los jóvenes a tener esperanza y seguridad en su futuro. Yo también tengo una fe infinita en los jóvenes, y así se lo digo a ellos: "Son la esperanza de la humanidad. Cada uno de ustedes tiene un brillante futuro por delante. Cada uno de ustedes tiene un potencial valiosísimo esperando a que lo desarrollen. El éxito y la victoria de ustedes, serán la victoria para todos nosotros. La victoria de ustedes será la que guíe este siglo, el siglo de la paz y la humanidad, el siglo más importante para el ser humano. Les dedico mis más sinceros deseos de buena salud, progreso constante y éxito en todos sus esfuerzos.

— Daisaku Ikeda

NOTA DEL EDITOR

Acerca de Nam-myojo-rengue-kyo

En varias de las respuestas que ofrece en *A la Manera de los Jóvenes*, Ikeda hace referencia a la invocación de Nam-myojo-rengue-kyo. Este elemento básico de la práctica del budismo de Nichiren se realiza al menos en dos sesiones diarias — mañana y noche — además de recitar pasajes del Sutra del Loto. Según el budismo de Nichiren, Nam-myojo-rengue-kyo es la Ley Mística de la vida y el universo, y al invocarla revelas la ley de tu propia vida, situándote en armonía o ritmo con el universo. Al mismo tiempo, desarrollas una intensa fuerza vital y una visión positiva. La palabra *ley* no se utiliza aquí en sentido jurídico sino científico, como la ley de la gravedad.

Veamos brevemente las partes que lo componen:

Nam (devoción): Fundir la propia vida con la Ley Mística universal, extrayendo de ella una energía infinita para la acción compasiva.

Myojo (Ley Mística): El principio fundamental del universo y sus extraordinarias manifestaciones.

Rengue (flor de loto): El loto florece y germina la vez, lo cual simboliza la simultaneidad de la causa y el efecto. El loto, que crece en ciénagas lodosas, simboliza también el surgimiento de la budeidad en la vida de una persona normal.

Kyo (sutra, enseñanza de un Buda): En líneas más generales, indica todos los fenómenos o actividades de todos los seres vivos.

Instrucciones de pronunciación:
Si desea más información sobre el budismo de Nichiren

y sus aplicaciones prácticas en la vida diaria, consulte *The Buddha In Your Mirror* (El Buda en tu espejo), disponible en Middleway Press.

ÍNDICE

Prólogo • **v**
Prefacio • **ix**
Nota del editor • **xiii**

1 FAMILIA

Los padres hostigantes • **3**
La expresión de la individualidad • **5**
Tener poco dinero • **6**
Llevarse bien con los padres • **9**
Los consejos recibidos • **11**
Tener demasiadas limitaciones • **12**

2 AMIGOS

La verdadera amistad • **15**
Elegir buenos amigos • **17**
Buenos amigos y malos amigos • **19**
Perder amigos • **21**
Hacer frente al rechazo • **24, 26**
La presión de los compañeros • **27**
Mantener los amigos • **29**
La gente que no te cae bien • **31**
Hacer frente a la envidia • **32**
Ser un solitario • **33**
Aconsejar a los amigos • **35**

3 AMOR

El amor verdadero • **39**
Tomarse tiempo • **42**
Ser fiel a uno mismo • **44**
La adicción al amor • **46**
Protegerse a sí mismo • **47, 48**
El sexo • **49**
El embarazo en la adolescencia • **51**
Afrontar el desamor • **53**

4 APRENDIZAJE

La finalidad del estudio • **57**
La necesidad de dedicar tiempo • **59**
El abandono • **63**
La importancia de las notas • **65**
Ir a una buena escuela superior • **67**
El miedo al fracaso • **69**
Trabajo y escuela superior • **70**
La falta de dinero para asistir a la escuela superior • **71**
La formación profesional • **72**
La importancia de la lectura • **74**
Adquirir el gusto por la lectura • **76**
La importancia de la historia • **77**
La verdad y la historia • **80**
El arte transforma el corazón • **83**
El gusto por el arte • **85**

5 TRABAJO

La elección de una carrera profesional • **91**
Encontrar tu misión • **94**
El talento • **95**
El trabajo adecuado • **97**
Cambiar de carrera profesional • **98**
No trabajar • **99**
Ganar dinero • **100**
Trabajar por una causa • **101**

6 SUEÑOS Y METAS

Los grandes sueños • **105**
Aclararse las ideas • **106**
Ser lo bastante inteligente • **108**
Escuchar a tu corazón • **109**
No tirar la toalla • **111, 113**
Fortalecer tu determinación • **114**
La importancia del valor • **115**
El valor y la misericordia • **118**

7 SEGURIDAD
Mantener la ilusión • **123**
El auténtico potencial • **125**
Hacer frente a los problemas • **126**
Sacar lo mejor de ti mismo • **128**
Naturaleza y educación • **130**
Cambiar tu karma • **131**
Ver más allá de los fallos • **132**
Soportar la crítica • **133**
La timidez • **134**
La inhibición • **135**
Ver a los demás de un modo positivo • **137**

8 MISERICORDIA
La preocupación por los demás • **141**
La verdadera amabilidad • **143**
Ayudar con valor • **146**
Demostrar tu preocupación • **148**
Endulzar la vida de la gente • **150**
Hacer frente a la insensibilidad • **151**
Detener la agresión • **152**
Afrontar la violencia • **154**
La violencia contra las mujeres • **157**

9 LA VISIÓN DE CONJUNTO
Comprender la igualdad • **161**
El valor es la clave • **164**
Los derechos humanos • **166**
Ser ciudadano del mundo • **167**
Iniciarse • **170**
La amistad y la paz • **172**
La preocupación por
  el medio ambiente • **174, 177**
Ejercer la protección del medio ambiente • **179**
El papel de cada persona • **180**

Epílogo • **183**
Información del escritor • **185**

FAMILIA

- Los padres hostigantes

- La expresión de la individualidad

- Tener poco dinero

- Llevarse bien con los padres

- Los consejos recibidos

- Tener demasiadas limitaciones

LOS PADRES HOSTIGANTES

Mis padres están hostigándome constantemente. ¡No aguanto estar en casa más de diez minutos seguidos!

¡Cuántas veces habré oído eso! Aunque, evidentemente, hay quienes tienen una comunicación familiar buena y abierta, muchos jóvenes se enfadan con sus padres por decirles lo que tienen que hacer. Muchas veces terminan por no dirigirles la palabra.

Yo también me peleaba con mi madre a veces por cómo decidía vivir mi vida. Le decía: "¡Déjame solo! ¡Déjame hacer las cosas a mi manera!" Las madres y los padres siempre parecen agobiar a los hijos. Desde tiempos inmemoriales, las madres siempre han dicho cosas por el estilo: "¡Haz los deberes!", "¡Apaga la televisión!", "¡Levántate, que vas a llegar tarde!" Es algo que no podemos cambiar. Pero comprenderás cómo se sienten tus padres cuando tú también lo seas.

Así que es importante tener un buen corazón. Si tu padre o tu madre te grita, puedes pensar: "Si habla en voz alta, significa que está sano, qué bien", o "Está demostrando que me quiere. Lo aprecio". Si puedes ver así a tus padres es síntoma de que estás madurando.

En el mundo animal, los padres enseñan a sus hijos a sobrevivir: a cazar, a comer, etc.

Del mismo modo, nuestros padres nos enseñan muchas cosas para mostrarnos la dirección correcta. Esto es algo que aprendemos a apreciar cuando nos convertimos en adultos.

Hay un cuento famoso sobre un joven triste que, después de discutir con su padre, se sentó desanimado al borde de la carretera. Creía que su padre era de mente cerrada, injusto y absurdo. Un conocido suyo, mayor que él, pasaba por ahí y, adivinando por qué estaba triste, le dijo: "Cuando tenía unos dieciocho años, mi padre no me decía más que sandeces absurdas que me ponían nervioso. Me harté de oírlas. Pero diez años más tarde, empecé a darme cuenta de que mi padre tenía razón en todo lo que me decía y me preguntaba: "¿Cuándo aprendería tanto mi padre?" Creo que es importante que utilices tu propio sentido común para no pelearte con tus padres. Además, cuando tus padres se peleen entre sí, como muchos hacen a veces, lo mejor que puedes hacer es permanecer al margen.

LA EXPRESIÓN DE
LA INDIVIDUALIDAD

Mis padres siempre están criticando mi modo de vestir y mi pelo. Pero así es cómo expreso mi forma de ser.

Me imagino perfectamente que sientes que están limitando tu individualidad si te ves obligado a hacer lo que te dicen tus padres. Pero expresar tu individualidad y rebelarte sólo porque sí, son dos cosas distintas.

Como parte de un conjunto mayor, ya sea una familia o un grupo social, nos conviene tener la mentalidad y la sabiduría adecuada para tratar con los demás. Cuando uno está seguro de sí mismo, es flexible y sabe adoptar distintos puntos de vista. En lugar de seguir ciegamente a la multitud o rebelarse contra ella a toda costa, es fundamental buscar equilibrio y armonía. Si hacemos gala de esta sabiduría demostraremos una identidad sólida.

Es un gran error dejarnos llevar por nosotros mismos y ser insensibles a los que nos rodean. Nadie es una isla. Vivimos rodeados de nuestra familia, nuestros amigos y el resto del mundo. Todos estamos conectados. La clave es mostrar nuestra individualidad a la vez que vivimos en armonía dentro de esa red de relaciones.

La verdadera individualidad no se centra en uno mismo. Es un modo de vida que nos lleva a nosotros y a los demás en una dirección positiva del modo más natural.

TENER POCO DINERO

Para todo lo que quiero hacer necesito dinero ¡y no lo tengo! Me gustaría que mi familia fuera rica.

Quizás vengas de una familia pobre y te sientas frustrado porque no puedes comprar lo que quieres. Es posible que a tus padres les cueste pagar la renta y todavía más pagarte caprichos. Estas situaciones no son poco comunes. Hay muchos jóvenes en el mismo barco que tú. Creen que el dinero equivale a la felicidad. Pero están muy equivocados.

Haber nacido en una casa majestuosa no es ninguna garantía de felicidad, del mismo modo que el haber nacido en una choza no condena a nadie al fracaso. El que una persona sea feliz o infeliz no tiene nada que ver con las posesiones materiales que tenga.

Hasta una familia acomodada y aparentemente envidiable puede estar pasándolo mal por problemas graves que desde fuera no se ven. Muchas veces la gente parece feliz, pero pueden estar ocultando una agonía personal. Aunque la gente parezca de un modo por fuera, es difícil saber lo que hay en su corazón. Así que nunca te avergüences por tu estatus económico. La desgracia es tener un corazón pobre y no vivir honradamente.

Un hombre de negocios famoso en todo el mundo me dijo una vez: "He conseguido fama y riqueza, pero las metas que me fijaba y los logros tenían más sentido cuando era pobre. Tenía objetivos, y mi vida estaba llena de retos. Para recuperar esa sensación de logro, me doy cuenta de que ahora tengo que fijarme un nuevo objetivo: contribuir al bienestar y la felicidad de los demás". Muchas veces vemos a gente involucrada en batallas desagradables por el dinero, personas que se hunden en la miseria y la depresión si se apaga su popularidad; personas que destrozan sus vidas cuando dejan que la fama y el poder se les suban a la cabeza; y personas que viven en lujosas mansiones donde los miembros de la familia no se soportan unos a otros. A menudo, aquellos que viven en familias aparentemente ideales, adineradas y distinguidas están atados por los formalismos, la tradición y las apariencias. Les resulta difícil expresar el calor, la emoción y la espontaneidad con franqueza. Y demasiadas veces, los jóvenes privilegiados tienen dificultades para fijarse metas y alcanzarlas, ya que tienen todas sus necesidades cubiertas. Así que, ahora que te das cuenta de todo esto, ¿crees que la riqueza, la fama y el lujo garantizan la felicidad? La respuesta es rotunda: "No". Todo depende de cómo lo mires. En lugar de pensar que tienes mala suerte simplemente porque tus padres no tienen mucho dinero o estudios, piensa que es una situación habitual. Verás que esta perspectiva te permitirá desarrollarte como una persona muy humana. Te darás cuenta de que tus dificultades son el auténtico material que te permitirá forjar un gran corazón y convertirte en una persona profunda y llena de sustancia.

Da la casualidad de que sólo puedes llegar a ser el tipo de persona que entiende los sentimientos de los demás si experimentas dificultades. Tu dolor y tu pena cultivarán el terreno para que crezca tu ser interior. Y, a partir de ahí, podrá brotar la bella flor de la compasión, y el deseo de trabajar para hacer felices a los demás.

El dinero, la fama y las pertenencias materiales sólo aportan una satisfacción fugaz, lo que puede llamarse una felicidad "relativa". Los practicantes budistas aprenden, sin embargo, a establecer la felicidad absoluta transformando sus vidas desde dentro. Cuando desarrollamos un estado mental tan grande y resplandeciente como un magnífico palacio, nada puede minar y destruir nuestra felicidad, independientemente de lo que hagamos o nos encontremos en la vida.

LLEVARSE BIEN CON LOS PADRES

Me gustaría tener unos padres mejores.

Cada familia tiene su propio trasfondo de circunstancias y problemas, que sólo pueden entender totalmente sus miembros. Es posible que te preguntes por qué naciste en el seno de tu familia. O por qué tus padres no son tan buenos como los demás. O por qué no te ha tocado una casa más bonita y una familia más afectuosa y que te respaldara más. Es posible que hasta quieras irte de casa. Puedo decirte una cosa, y es que sean como sean tus padres, son *tus* padres. Si no los tuvieras, no estarías vivo. Debes entender la gran importancia que tiene esto. Naciste en esta familia concreta y en este lugar concreto y en este planeta Tierra en este momento concreto. No naciste en otra familia.

Este hecho da significado a todo.

El budismo explica que nada ocurre por casualidad y que las personas ya poseen de por sí todo cuanto necesitan para ser felices. Por lo tanto, no hay ningún tesoro tan valioso como la vida misma. Por muy difícil que sea tu situación, por muy ignorado que te sientas por tus padres, estás vivo ahora: todavía eres joven y tienes un espíritu joven, con el que puedes construir la vida más feliz a partir de ahora. No desperdicies ni destruyas tu precioso futuro perdiendo ahora la esperanza.

Estimúlate con energía, recordando que cuanto mayor sea el dolor y tu pena, mayor será la felicidad que te espera. Ten la determinación de convertirte en un pilar de apoyo para tu familia. El budismo enseña esta manera de vivir.

Si uno de tus padres sufre la grave enfermedad del alcoholismo, si tu familia atraviesa momentos difíciles porque uno de tus padres ha perdido su trabajo, si tienes que soportar el dolor de ver cómo critican y atacan a tu padre aunque sea falsamente, o si uno de tus padres te ha abandonado, todas estas situaciones aparentemente difíciles pueden verse como un enriquecimiento que te hará crecer aún más fuerte.

Independientemente de cómo te traten tus padres, al final, de ti depende y no de ellos, que seas feliz. Cada uno de nosotros tenemos en nuestra mano el lograr la determinación de convertirnos en el "sol" que puede hacer que se desvanezca toda la oscuridad que hay en nuestras vidas y nuestras familias. Los budistas de Nichiren saben que esta resolución puede fortalecerse invocando Nam-myojo-rengue-kyo cada mañana y cada noche.

Pase lo que pase, es fundamental que vivas con la firme convicción de que tú eres el "sol". Evidentemente, en la vida hay días soleados y días nublados. Pero aun en los días nublados, el sol brilla. Aunque estemos sufriendo, es vital que nos sigamos esforzando para que el sol siga brillando en nuestros corazones.

Conozco a un joven que no tiene padre, su madre está incapacitada por problemas graves de salud y su hermana mayor está en el hospital. Soportando tanta dureza durante su juventud, ha llegado ya muy alto en la vida, muy por delante de otros. Creo que los jóvenes que hacen frente a semejantes dificultades serán los líderes del siglo veintiuno.

LOS CONSEJOS RECIBIDOS

No me gusta que nadie, sobre todo mis padres, me señale mis defectos.

Una de las cosas más frustrantes de la vida es cuando creemos que somos de una manera, mientras que la gente que nos rodea cree que somos exactamente lo contrario. Otras personas, sin embargo, pueden percibir cosas sobre nosotros que nosotros no podemos. Esto es bueno, porque del mismo modo que un espejo te permite verte la cara, la gente que te rodea puede servirte de espejo para que veas muchos aspectos de ti mismo.

Los comentarios de las personas que te rodean pueden ayudarte a guiar tu individualidad en una dirección positiva. Puedes aprovechar la educación, las instrucciones, los consejos, las advertencias, e incluso las reprimendas que recibes, utilizándolos de un modo constructivo para ir buscando el buen camino. Por otra parte, si te niegas a escuchar los consejos de los demás, haciendo lo que quieres con rebeldía y haciendo sentir mal a todos, sólo para expresar tu individualidad, simplemente estás demostrando una terquedad que no beneficia a nadie.

Si la gente te señala tus defectos y te ayuda a deshacerte de tus malas costumbres desde el principio, a largo plazo, te permitirá forjar tu individualidad de un modo útil para ti. Pero, en cambio, si las raíces de estos malos hábitos siguen ahí, irán afectando poco a poco a tu vida de un modo negativo, llevándote por un camino dañino y destructivo. Cuando puedas darte cuenta de esto, verás lo estúpido que es negarse a escuchar los consejos. Es importante ser sensato.

TENER DEMASIADAS
LIMITACIONES

Mis padres me ponen muchas limitaciones. Parece como si no entendieran que ya no soy ningún niño. ¿Cómo puedo convencerles?

Puedo entender lo que dices. A nadie le gusta que le controlen, y es natural desear hacer lo que queremos sin que nadie nos fastidie todo el rato. Sé que muchos estudiantes sueñan con la libertad de la que disfrutarían si no hubiera normas, si tuvieran mucho dinero y tiempo y no tuvieran a sus padres fastidiándoles. Pero, en realidad, esta es una perspectiva superficial de la sociedad humana.

Al final, la verdadera libertad es decidir a qué quieres dedicarte por completo. No significa holgazanear sin tener nada que hacer. No es gastar el dinero como si fuera agua. No es tener todo el tiempo libre del mundo. No consiste en tener largas vacaciones. Hacer sólo lo que te apetece no es libertad: es sólo autoindulgencia. La verdadera libertad reside en el reto permanente por desarrollarte y lograr el objetivo que tú elijas.

2

AMIGOS

- La verdadera amistad

- Elegir buenos amigos

- Buenos amigos y malos amigos

- Perder amigos

- Hacer frente al rechazo

- La presión de los compañeros

- Mantener los amigos

- La gente que no te cae bien

- Hacer frente a la envidia

- Ser un solitario

- Aconsejar a los amigos

LA VERDADERA AMISTAD

¿Cómo puedo distinguir a mis verdaderos amigos?

En primer lugar, conviene preguntarse qué es la amistad. La verdadera amistad es una relación en la que estableces empatía con tus amigos cuando están sufriendo y les animas a no perder el ánimo. Y ellos, a su vez, hacen lo mismo por ti.

La amistad suele empezar sencillamente cuando alguien te cae bien porque pasa mucho tiempo contigo o, quizás, te ayuda con los deberes. También puede empezar cuando te cae bien alguien que te resulta agradable, con quien te llevas bien y tienes mucho en común. Aunque la amistad puede empezar de un modo espontáneo y desarrollarse sola, la verdadera amistad se apoya en las ganas de crecer y avanzar.

Entre tus amigos y tú debe haber un compromiso de estar siempre ahí para animarse y ayudarse cuando traten de alcanzar sus respectivas metas en la vida. Es importante tener alguna ambición, como graduarse por una universidad o prestar una ayuda importante a la sociedad. Aquellos que no tienen un objetivo ni una dirección clara y positiva en la vida, suelen tener amistades que los estancan o están basadas en la dependencia. En algunos casos, estos tipos de amistades fomentan en realidad una conducta destructiva. Pero la amistad que se intensifica y perdura es la que se da entre personas que se animan con alegría unas a otras mientras se esfuerzan por hacer realidad sus sueños.

Para hacer amigos es indispensable tener carácter e integridad. La verdadera amistad no sabe de rangos ni condiciones sociales. Sólo puedes hacer verdaderos amigos cuando te abres, cuando compartes con los demás lo que hay en tu corazón. Una persona egoísta, que sólo piensa en sí misma, no puede hacer amigos de verdad.

El lazo que une el corazón de una persona con otra es la sinceridad. Para los adultos, muchas veces entra en juego el interés personal o los beneficios personales, y entre ellos se forman amistades fugaces como resultado de determinadas circunstancias temporales. Pero las amistades que se crean durante la juventud suelen carecer de artificialidad. No hay nada más maravilloso o valioso que las verdaderas amistades que uno hace cuando es joven.

Tus amigos de la enseñanza secundaria y la escuela superior son como los actores que actúan contigo, que aparecen en la misma obra que tú en el escenario de la vida. A algunos, puede que no los olvides en toda tu vida.

Cuando surgen estas amistades son tan bonitas como un riachuelo puro y fresco. Las corrientes claras e incorruptas de dos personas convergen de un modo sincero, encaminándose positivamente hacia sus respectivos sueños. Luchando y creciendo juntos, comparten las dificultades del otro, animándole y apoyándole en todo momento, creando un río de amistad todavía mayor, más profundo y más puro. La belleza y la claridad de este río harán que todos los que lo vean quieran beber también de sus aguas.

La amistad es la verdadera riqueza. Ha habido muchos dichos famosos sobre ella durante todos los tiempos, como las frases de Cicerón "Una existencia sin amigos es como un mundo sin sol" y "Si la amistad desapareciera de la vida, sería lo mismo que si se apagara el sol" o de Aristóteles: "Un amigo fiel es un alma de dos cuerpos". Por mucho estatus o riqueza que tengan, quienes no tienen amigos están en realidad tristes y solos. Una vida sin amistad lleva a una existencia desequilibrada y egocéntrica.

ELEGIR BUENOS AMIGOS

Quiero tener buenos amigos en mi vida. ¿Qué puedo hacer?

Entender la importancia de la amistad es una muestra de sabiduría.

Es posible que tengas muchos tipos de amigos: los amigos que viven en tu barrio, con los que vas al colegio todos los días; los amigos que van a tu clase; los amigos de actividades extraescolares; o los amigos con los que simplemente sales. También puede ocurrir que la amistad empiece como algo casual, cuando dos personas que se sientan juntas y hablan. Un día vuelve a pasar lo mismo y se proponen algún objetivo. Luego se convierten en buenos amigos que influyen positivamente el uno sobre el otro. Los mejores amigos que puedes tener son aquellos con los que puedes avanzar hacia un mismo objetivo. No podemos elegir a nuestra familia, pero a nuestros amigos sí. Y se trata de una elección importante. Muchas veces oigo: "Me gusta ir al colegio por los amigos que tengo allí". Otros se quejan: "Tengo amigos pero no tengo la suficiente confianza con nadie como para hablar abiertamente". Has nacido en este gran universo, en el minúsculo planeta Tierra y en la misma época que la gente que te rodea. Pero cuesta mucho encontrar, entre los miles de millones de personas del planeta, verdaderos amigos incondicionales con los que puedas mostrarte tal como eres, que entiendan tus pensamientos y sentimientos hasta sin palabras.

Entre tus compañeros de colegio, estoy seguro de que la mayoría tienen al menos uno o dos a los que consideran verdaderos amigos: consérvenlos como oro en polvo. Pero si crees que en este momento no tienes ningún amigo de total confianza, no te preocupes. Piensa que tendrás amigos maravillosos en el futuro. Concentra tus energías ahora en convertirte en una buena persona, considerada, que no habla mal de los demás y que no incumple su palabra. Estoy seguro de que en el futuro tendrás muchos amigos, quizás en todo el mundo.

En todo caso, es importante entender que la amistad depende de ti, no de la otra persona. Todo depende de tu actitud, de lo que estés dispuesto a aportar a la relación. Espero que no seas un amigo de los que están sólo para lo bueno, ayudando a los demás sólo cuando las cosas les van bien y dejándoles en la estacada cuando surgen problemas. En cambio, debes esforzarte por ser una persona que no abandone a los amigos en ningún momento.

Con lo que hagas hoy, puedes preparar tu vida para las grandes amistades. Hay cosas que puedes hacer para convertirte en esa clase de gran amigo que te gustaría tener. Por ejemplo, cuando te des cuenta de que alguien está preocupado por algo, dedícale una palabra amable: "Pareces decaído. ¿Qué te pasa?" Trata los problemas de los demás como si fueran los tuyos propios y trata de ayudar. Es importante tomar este tipo de resoluciones firmes.

Y si alguien te defrauda, prométete que nunca le harás lo mismo a nadie.

Cuando hagas una promesa, mantenla siempre, pase lo pase.

Si haces un esfuerzo por ser ese tipo de persona, pronto te encontrarás rodeado de buenos amigos.

BUENOS AMIGOS Y MALOS AMIGOS

Mis padres desaprueban a los amigos con los que salgo.

Los padres que se preocupan por los amigos que tienes se preocupan mucho por tu bienestar. Lo mismo puede decirse de los profesores. No es que quieran darte la lata. Tus amigos, a veces, pueden influir más sobre ti que tus padres o cualquier otra persona. Así que, si haces buenos amigos — amigos interesados en mejorar y desarrollarse — tú también puedes emprender una dirección positiva.

Sin embargo, si te relacionas con personas autodestructivas, puede tener malas consecuencias y debilitarte.

Debes tener la fuerza necesaria para no dejarte llevar por influencias negativas y apartarte de aquellos que te hacen comportar de un modo en que no te sientes cómodo.

El budismo enseña que debemos asociarnos con buenos compañeros, lo cual significa que debemos procurar elegir buenas personas como amigos y modelos de conducta. También enseña que debemos distanciarnos de las malas compañías. Una relación basada en una motivación egoísta o estropeada por problemas de dinero no puede considerarse una buena amistad. Del mismo modo, una relación con alguien que se implica en un comportamiento delictivo, que no distingue lo que está bien de lo que está mal, es claramente una mala amistad. Un amigo de verdad no te pedirá dinero ni te alentará a cometer acciones incorrectas. Eso es el mal disfrazado de amistad. Debes denunciar claramente tales actitudes y no involucrarte con gente deshonesta. Es totalmente correcto apartarte de este tipo de compañías. Comenta el tema con alguien en quien confíes. No le des vueltas tú solo sin hablarlo.

Un escrito budista afirma que hasta una persona buena que se asocia con gente malévola terminará mancillado por ese mal, por lo que debemos ser estrictos con nosotros mismos para descubrir el comportamiento incorrecto y destructivo. Si enseñamos a los demás que sus acciones están infligiendo sufrimiento y dolor, podemos instarles a que tomen un camino más positivo. De hecho, nuestra sinceridad puede abrir el camino para tejer profundos lazos de verdadera amistad con esa persona. En otras palabras, es muy posible que un "mal" amigo se convierta en un buen amigo.

Los malos compañeros son aquellos que causan problemas y daño a la gente. Los buenos amigos, por el contrario, son aquellos que animan afectuosamente a los demás, dándoles esperanza y animándoles a superarse. La verdadera amistad contribuye a nuestro crecimiento como personas y a la creación del valor positivo de nuestras vidas. No podemos decir lo mismo de las relaciones con malas influencias, donde el único resultado es el estancamiento y la negatividad: eso es simplemente alguien con quien sales, no un amigo. Como dice el famoso refrán: "Dime con quien andas y te diré quien eres". Por último, el único modo de hacer buenos amigos es convertirte tú mismo en un buen amigo manteniendo tu integridad. Las buenas personas se juntan con buenas personas.

PERDER AMIGOS

¿Qué haces cuando un amigo de repente no quiere hablarte más?

Los corazones de los jóvenes son como termómetros sensibles.

Un minuto piensas que todo es genial, y el siguiente, de repente, te sientes tan mal que estás convencido de que eres la persona que menos vale del mundo. Puedes sentirte abrumado por una profunda tristeza y desesperanza por problemas con los amigos, o pena por amor o por la enfermedad de un pariente.

Te aseguro que es totalmente normal sentir intensamente estas emociones y dudar de uno mismo durante la juventud, así que no aumentes tu tristeza por sentirte de ese modo. Ten por seguro que sea cual sea tu amargura, algún día echarás la vista atrás y todo esto te parecerá como un sueño.

Dicho esto, es importante reconocer que cuando atraviesas esas situaciones, a tus amigos suele ocurrirles lo mismo. Así pues, lo mejor que puedes hacer es tener el valor de preguntarle al amigo que parece rehuirte qué es lo que le preocupa. Seguramente descubrirás que lo último que quería hacer era tratarte fríamente, y que en realidad, mientras tú no te atrevías a preguntarle lo que le ocurría por miedo a que te hiciera daño, él también se estaba sintiendo rechazado y solo.

Las relaciones humanas son como un espejo. Si piensas, "Si fulanito fuera más amable conmigo, podría hablar con él y contarle cómo me siento", esa persona seguramente estará pensando lo mismo.

Aunque cuesta un poco hacer un primer intento, un buen plan sería dar el primer paso para abrir canales de comunicación. Si, a pesar de estos esfuerzos, sigues sintiéndote rechazado, a quien debes compadecer es a tu amigo.

No podemos leer lo que hay en el corazón de los demás, pues el corazón humano es demasiado complejo. La gente cambia: es así de sencillo. Si tu amigo comparte los mismos sentimientos sobre la amistad que tú, es muy posible que dure mucho. De lo contrario, será efímera.

Es posible que tú mismo dejes de lado a un amigo sin querer, provocando un distanciamiento en vuestra relación. Mi consejo es que te aferres a tu identidad aunque otros cambien.

Si *realmente* te han rechazado o abandonado, ten la suficiente fuerza de carácter como para prometerte que nunca le harás lo mismo a nadie. Aunque normalmente no se dan cuenta, quienes traicionan la confianza de otros sólo se hacen daño a sí mismos.

Quienes hieren a propósito a sus amigos son patéticos; es como si se estuvieran clavando un clavo en su propio corazón.

Es crucial tener carácter e integridad. El respeto y la confianza mutuos son fundamentales para crear una verdadera amistad.

Evidentemente, habrá momentos en los que discutas y no estés de acuerdo con tus amigos. Pero detrás deberá haber siempre un espíritu de respeto y consideración por el otro. En la amistad, no debemos pensar sólo en nosotros mismos.

En cualquier caso, aunque una amistad termine, no hay que sentirse abatido. No tienes que sentirte mal pensando que todas las amistades deben durar para siempre. Lo importante es recordar el verdadero significado de la amistad y que tú hagas de ese significado verdadero la base para relacionarte con los demás.

Si un amigo te falla, no dejes de confiar en la gente; haz un nuevo amigo. Si no confías en nadie, puedes evitar que te hagan daño o te abandonen, pero te verás llevando una existencia solitaria encerrado en tí mismo. El caso es que las personas que han sufrido el dolor y la amargura son las únicas que pueden sentir empatía hacia otros y tratarles con amabilidad.

Lo esencial es, por lo tanto, hacerse fuerte.

HACER FRENTE AL RECHAZO

¿Qué pasa cuando todo un grupo de amigos te hace el vacío?

Déjame compartir la siguiente historia de una joven, una estudiante de secundaria, que practica el budismo de Nichiren. En el colegio, Mikki formaba parte de un grupo muy unido de siete amigas. Conforme las chicas pasaban más tiempo juntas, iban conociendo mejor los puntos fuertes y débiles de cada una y poco a poco empezaron a murmurar sobre cualquiera del grupo que no estuviera presente. Mikki no participaba en estas habladurías y trataba de convencerles de que no lo hicieran. Pero las otras seis se metían con ella precisamente por negarse a participar.

En clase, la miraban fríamente. Le pasaban notas desagradables. Si la tocaban por accidente, gritaban horrorizadas y se alejaban de ella corriendo. Cada día era una agonía. Con cada desplante que le hacían, Mikki se sentía como si le rompieran el corazón. Cuando tenía tiempo libre, se escondía en el baño de las chicas para que no la humillasen más.

Como no encontraba a ninguna compañera en la que confiar, Mikki le confesó a su madre los problemas que tenía en el colegio. Su madre la animaba a que utilizase este periodo de prueba para desarrollar su base interior a través de su fe. Mikki se dio cuenta de que cuando invocaba Nam-myojo-rengue-kyo se sentía más fuerte y más feliz. Y aunque seguía con ese tormento en el colegio, le afectaba menos. Empezó a ver su sufrimiento como un carburante, como la motivación perfecta para sentirse fuerte y feliz consigo misma.

Mikki seguía orando cada día con el sentimiento de "¡No me vencerán! ¡Seré fuerte!" Poco a poco, le fue costando menos ir al colegio. A partir de esta fuerza renovada, decidió dar un paso positivo para cambiar su situación. Hizo nuevos amigos y, al final, hasta cambió su relación con las del otro grupo que la había rehuido. Mikki dice que, en realidad, les está agradecida, porque le hicieron volverse más fuerte e independiente. Afirma que el secreto para hacer que los demás cambien es fortalecerte tú mismo.

HACER FRENTE AL RECHAZO

A veces, cuando trato de hacer nuevos amigos, tengo la impresión de no ser suficiente para ellos, y me quedo fuera mirándoles.

Aunque pueda parecer difícil, si te ignoran, te rechazan o se ríen de ti, intenta no darle demasiada importancia. Según las creencias budistas, quienes tratan mal a los demás crean malas causas cuyos efectos desgraciadamente sufrirán; dan mucha pena.

Al mismo tiempo, recuerda que el sentir rechazo o frustración es una parte inevitable de la vida. Nichiren, cuyas enseñanzas seguimos en la Soka Gakkai Internacional, fue abandonado por muchos de sus seguidores. Yo también me he visto traicionado por gente en la que confiaba y a la que trataba de animar sinceramente. Pero he aprendido que, a veces, es inevitable.

Frente al rechazo, debes aprender a tener valor. Es importante creer en uno mismo. Sé como el sol, que brilla serenamente aunque no todos los cuerpos celestiales reflejen su luz y aunque parezca que parte de su brillo se pierde en un espacio vacío. Es posible que quienes rechazan tu amistad desaparezcan de tu vida, pero cuando más brille tu luz, más brillante será tu vida.

Hagan lo que hagan los demás, lo importante es andar por tu propio camino, creyendo en ti mismo. Si permaneces fiel a ti mismo, los demás llegarán a comprender tu sincero intento con toda seguridad.

LA PRESIÓN DE
LOS COMPAÑEROS

Mis amigos del colegio me presionan mucho para que beba y fume marihuana.

P uedo entender cómo se sienten los jóvenes cuando a veces desean tomar drogas o beber para integrarse en un grupo. Pero beber alcohol y drogarse no es ninguna aventura que vaya a ayudarte de un modo constructivo en tu vida. Y el poder acceder libremente a estas cosas no aumenta tu libertad como ser humano, aunque muchos jóvenes lo piensen. Si tus amigos beben o se drogan, búscate un nuevo grupo de amigos.

En realidad, el alcohol y las drogas son una trampa, y una vez que quedas atrapado en ella, pierdes tu verdadera independencia. Te encuentras atado por tus emociones y por la necesidad de tomar más sustancias. Los que se convierten en víctimas de sus ansias y su propia naturaleza no son, al fin y al cabo, muy distintos de los animales.

En 1275, haciendo referencia a una enseñanza milenaria, Nichiren dio este consejo intemporal a un seguidor: "Controla de tu mente, en lugar de dejar que tu mente te controle a ti". Básicamente, el abuso de sustancias puede atribuirse a una condición previa: la falta de previsión y determinación ante el futuro. Muchos jóvenes han visto desvanecerse su oportunidad de aprovechar su gran potencial por no tener presentes sus objetivos. El buscar la diversión del momento les llevó a la ruina. Creo que conocerás muchos ejemplos famosos, como el de la superestrella del baloncesto, ese jugador que estudiaba en la escuela superior y fichó por el Boston Celtics.

Había tantas esperanzas puestas en él, que parecía que su presencia fuera a garantizar un equipo campeón. Por desgracia, justo antes de empezar su primera temporada — antes incluso de tener la oportunidad de jugar en su primer partido profesional — fue a una fiesta y murió por una sobredosis de cocaína. Fue una trágica pérdida.

En muchos sentidos, lo que separa a aquellos que avanzan para llevar unas vidas felices, satisfactorias y brillantes de quienes no lo hacen, son las elecciones que realizan durante este periodo tan crítico. Quienes no pierden de vista sus sueños tienen en cuenta la importancia de lograr estos sueños frente al "atractivo" momentáneo que pueden tener el alcohol y las bebidas, y se dan cuenta de que este placer inmediato no merece la pena. Algunos creen que las drogas aumentan su concentración. Pero he de decir que a pesar de lo brillante que pueda parecer el resultado, si lo has conseguido con las drogas, no es producto de tu verdadera habilidad.

La persona más atractiva es aquella que puede seguir esforzándose constantemente para cumplir su sueño aunque otros no reconozcan su dedicación. Una persona que tiene el control sobre sí misma es una persona verdaderamente admirable. Es esencial seguir persiguiendo tus objetivos.

Aunque está socialmente aceptado que quienes tienen la edad legal para beber disfruten del alcohol con moderación, es importante entender que el peligro de la adicción no desaparece cuando alcanzas la mayoría de edad. Si así fuera, es obvio que el alcoholismo no sería la tragedia que es para algunos adultos en todo el mundo. Todo el hincapié que haga es poco para destacar la necesidad de crear tus sueños durante tu juventud y mantener la vista fijada en ellos. Serán la mejor referencia que tengas para calibrar todas tus acciones.

MANTENER LOS AMIGOS

Me gustan mis amigos. ¿Cómo puedo mantenerlos a medida que pasa el tiempo?

Aunque podamos preferir que nuestras amistades continúen, creo que es mejor que empleemos nuestros esfuerzos en mejorar la calidad de estas relaciones. Para ello, podemos clasificar las amistades en tres grupos según su grado.

El primer nivel lo forman aquellas personas que tratan con otras durante sus actividades diarias y tratan de divertirse juntos. Estas amistades se basan en pasarlo bien juntos.

El segundo nivel de amistad es un poco más profundo.

Estos amigos tienen sus propias metas; saben con claridad que clase de persona quieren llegar a ser, cómo desean construir su futuro y contribuir con la humanidad. Se alientan mutuamente, a medida que se esfuerzan para realizar sus propios sueños y llegar a ser útiles a la sociedad. Esta es una amistad basada en el aliento mutuo.

He oído a muchos estudiantes de secundaria hablar de este tipo de amistad: "Hemos trabajado juntos y hemos creado una presentación increíble para la feria de la ciencia", "Estudiamos juntos para cada examen", "Estamos en el equipo de natación, nos hemos desafiado a nadar seis millas ¡y lo logramos! No lo olvidaré nunca".

Muchísimos estudiantes han reconocido que no están solos, y el saberlo les ha dado la fuerza necesaria para superar retos difíciles. Han conseguido apreciar las palabras de ánimo y ayuda mutuas.

El tercer nivel de amistad es el vínculo de compañeros que comparten los mismos ideales, que dedican sus vidas a una causa común. Muchas personas que han concretado logros impresionantes en la historia han cultivado esa clase de amistad, que requiere de una confianza absoluta. Los verdaderos compañeros jamás se traicionan, ni siquiera ante una amenaza de la muerte. Tampoco se traicionan a sí mismos ni a sus amigos y nunca renuncian a sus ideales. Espero que disfrutes del tiempo que pasas con tus compañeros sin preocuparte por cuánto durará tu amistad.

Las amistades profundas son pocas. El cultivarlas es como cuidar un árbol fuerte: requiere un procedimiento muy distinto de cuidar arbustos.

Si eres sincero en sus relaciones con los demás, algún día te verás rodeado de buenos amigos.

Y entre estas personas, tus amistades serán tan fuertes e inquebrantables como árboles altísimos. *No seas impaciente.* Primero trata de desarrollarte tú mismo, y puedes estar seguro de que el futuro te deparará infinitos encuentros maravillosos.

LA GENTE QUE NO
TE CAE BIEN

¿Qué puedo hacer con la gente con la que no me llevo bien?

Del mismo modo que hay comidas que no te gustan, es inevitable que algunas de las personas que te rodean no te gusten. Aunque no pasa nada porque haya personas que no te gusten, es un error descalificarlas o portarse mal con ellas. Tienen el mismo derecho que tú a existir y tienen su propia opinión y su propio modo de hacer las cosas. Es importante tener una mente abierta. Del mismo modo, el budismo enseña la interrelación de todas las personas y cosas, y que el modo en que tratemos a los demás afectará a nuestras propias vidas, por lo que es importante ser respetuoso por el bien de los demás y por el nuestro propio.

HACER FRENTE A LA ENVIDIA

Me esfuerzo por tener buenas notas, pero muchas veces mis amigos me hacen sentirme mal por mis resultados.

Siempre debes estar orgulloso cuando trabajes duro. Las personas que se destacan están llamadas a toparse con la envidia y el resentimiento de otros, así que no te preocupes: es la vida. Un filósofo dijo una vez: "Vivimos en un mundo donde, aunque uno tenga un carácter intachable, será inevitablemente calumniado y criticado". Evidentemente, eso no significa tampoco que tengas que ir alardeando por ahí de tus buenas notas con todo el mundo.

Cuando estaba en la escuela primaria, había un estudiante de una familia pudiente que siempre iba bien vestido y parecía muy feliz. Recuerdo que le envidiaba, y no era yo el único. Hoy en día, aparte de esa envidia, casi con toda seguridad, sus compañeros de clase se meterían con él. Pero los que actúan respondiendo a estos sentimientos se mueven por una condición básica de la vida, lo que el budismo denomina animalidad. Por otra parte, lo maravilloso de la auténtica humanidad reside en superar los sentimientos de envidia con una actitud decidida, "Crearé una vida aún más maravillosa para mí mismo". Si tienes envidia de los demás, no avanzarás; sólo te convertirás en un miserable. En lugar de dejar que tus emociones te venzan tan fácilmente, espero que seas capaz de aceptar a los demás con calidez y comprensión.

SER UN SOLITARIO

¿Qué pasa si me gusta más estar solo que en un grupo?

Naturalmente, eres libre de estar solo si lo deseas. Es totalmente correcto hacer amigos a tu manera, con gente con la que compartas pensamientos y sentimientos. A veces, nuestras relaciones con los demás pueden ser tan difíciles que nos den ganas de gritar: "¡Me gustaría poder vivir donde no haya nadie!" Pero a menos que nos convirtamos en ermitaños, es imposible. Es importante que nos esforcemos en convertirnos en individuos capaces de cultivar buenas relaciones con los demás.

En japonés, la palabra "ser humano" se escribe con los caracteres que significan "persona" y "entre", expresando la idea de que los seres humanos sólo están completos en sus relaciones con otras personas. Nadie puede vivir solo. Por eso, los problemas que tenemos al relacionarnos con otras personas son, en cierto modo, una parte inevitable de la vida humana.

Los problemas relacionales son oportunidades para crecer y madurar. Si no permites que estos problemas te venzan, podrán forjarte el carácter, así que es muy importante no aislarse. Nadie puede existir apartándose de los demás.

Una actitud distante con los demás alimenta el egoísmo y nos estanca. El tener amigos de total confianza puede ser muy gratificante.

Existe un proverbio mongol que dice: "Cien amigos valen más que cien monedas de oro". La gente que tiene amigos es rica. Muchas veces, los ánimos y el estímulo de los amigos nos hacen esforzarnos por mejorar. Nos animan a llevar vidas satisfactorias y a crear un mundo mejor. También trabajamos con nuestros amigos para lograr ese objetivo.

Tener buenos amigos es como estar equipado con un potente motor auxiliar. Cuando llegamos a una cuesta empinada o un obstáculo, podemos animarnos mutuamente y encontrar las fuerzas para seguir adelante con fuerza.

ACONSEJAR A LOS AMIGOS

Conozco a gente que hace cosas muy malas, pero cuando intento hablar con ellos sobre el tema, no me toman en serio.

El único modo de influir en tus compañeros es establecer auténticos lazos de amistad con ellos, uno a uno.

Escucha atentamente lo que tienen que decir, pero cuando sus ideas sean incorrectas díselo también claramente, y repréndeles para que no arruinen sus vidas con sus actos. Desarrolla el tipo de amistad en la que puedas decir lo que hay que decir.

Nichiren enseña que si hacemos un amigo pero no tenemos la misericordia de corregirlo, en realidad somos su enemigo. El modo de transmitir tu mensaje a alguien que va en la dirección incorrecta es una cuestión de sentido común. Mediante una contemplación seria basada en el deseo profundo de ayudar a tu amigo, y mediante una conversación inocente con alguien en quien confías — como un profesor o un padre — puedes hacer que la fuerza te salga desde dentro. Esto es lo que hay tras la oración de Nam-myojo-rengue-kyo: nos permite buscar nuestra sabiduría y valor interior para convertirnos en el tipo de persona que se preocupa de verdad por influir positivamente en sus amigos.

Si te preocupas de verdad por los demás, tu corazón les llegará con toda seguridad algún día. Aunque alguien rompa contigo durante un tiempo por lo que has dicho o hecho, el hecho de haber demostrado sinceridad quedará grabado en lo más profundo de su vida. La semilla que plantes en la vida de tu amigo germinará algún día en forma de una conciencia nueva y positiva capaz de impulsar esa amistad.

3

AMOR

- El amor verdadero

- Tomarse tiempo

- Ser fiel a uno mismo

- La adicción al amor

- Protegerse a sí mismo

- El sexo

- El embarazo en la adolescencia

- Afrontar el desamor

EL AMOR VERDADERO

¡Enamorarse o salir con alguien hace la vida más emocionante!

Sentirse atraído por alguien puede ser maravilloso. Cuando te enamoras, la vida parece llena de emoción y dramatismo. Se sientes como el protagonista de una novela. De lo contrario, la vida diaria tiende a ser monótona y aburrida, y hacer los mismos esfuerzos día a día puede ser agotador. No siempre es divertido. La cuestión es: ¿esa persona te anima a trabajar mejor o te distrae? ¿Su presencia te anima a dedicar más energías a las actividades escolares, a ser un amigo mejor, un hijo o hija más atento o atenta? ¿Te motiva para cumplir tus objetivos y trabajar para conseguirlos? ¿O, por el contrario, sólo estás pendiente de esa persona, olvidando todo lo demás? Si estás desatendiendo algo, olvidando tu fin en esta vida porque te has enamorado, vas por mal camino. Una relación sana es aquella en la que las dos personas se animan para alcanzar sus respectivas metas a la vez que comparten las esperanzas y sueños del otro. Una relación debería ser una fuente de inspiración, vigor y esperanza.

Dante Alighieri, uno de los poetas más importantes de la Edad Media en Occidente, tenía como musa una joven llamada Beatriz. La había amado desde la niñez.

Un día, después de mucho tiempo sin saber de ella, Dante, que entonces tenía dieciocho años, corrió hacia ella en la calle. Más tarde, compuso un poema sobre la alegría que sintió con este encuentro, titulado "Vida nueva". En su esfuerzo por transmitir sus sentimientos por la joven, creó una nueva forma poética. Beatriz desplegó el potencial artístico de Dante.

Sin embargo, sería un amor no correspondido, ya que ella se casó con otro hombre y murió muy joven. Pero Dante nunca dejó de amarla. Al final, ese amor le permitió fortalecer e intensificar la capacidad de su corazón y creó algo verdaderamente noble y sublime. En su obra maestra, *La divina comedia*, Dante describe a Beatriz como un ser amable y benévolo que le guía hacia el cielo.

Por supuesto, Dante vivió en una época distinta de la nuestra. Pero creo que podemos aprender muchas cosas de este gran poeta que permaneció fiel a sus sentimientos, aunque no fueran correspondidos, y los transformó en la inspiración de su vida. Creo firmemente que el amor debe ser una fuente de inspiración para nuestras vidas, la fuerza conductora que nos permita vivir con valor.

Si utilizas el amor como un escape, la euforia no durará mucho. En todo caso, te verás rodeado de más problemas, además de mucha tristeza y dolor.

Por mucho que lo intentemos, nunca podemos escapar de nosotros mismos. Si somos débiles, el sufrimiento nos seguirá allá donde vayamos. Nunca encontraremos la felicidad si no cambiamos desde dentro.

Debo añadir también que tratar una relación solamente como una vía de escape, aunque no estés consciente de ello, es una gran falta de consideración tanto hacia tu pareja como hacia ti mismo. La felicidad no es algo que pueda darnos otra persona, como un novio o novia. La conseguimos nosotros mismos. Y el único modo de conseguirlo es desarrollando nuestro carácter y nuestra capacidad como seres humanos, desplegando todo nuestro potencial Si sacrificamos nuestro crecimiento y nuestro talento por amor, seguro que no hallaremos la felicidad.

Cuando eres adolescente, tu experiencia todavía es limitada. Es posible que aún no hayas descubierto cómo expresar tu talento. Aunque tengas ya un campo en el que hacerlo, es fácil caer en la trampa de pensar que nada puede ser tan apetecible como el amor romántico. Pero en la vida hay mucho más.

La cuestión es no tener prisa. De hecho, no tener pareja puede ser una ventaja. Tienes más tiempo para estudiar y participar en actividades extraescolares, que te ayudan a forjar una personalidad fuerte. No hay que tener miedo a estar solo, porque encontrarás a alguien a quien amar cuando llegue el momento. Eres joven. Ahora, lo importante es esforzarte mucho en crecer para convertirte en un ser humano maravilloso.

Tienes una misión preciosa que sólo tú puedes llevar a cabo: algo importante para contribuir a que los demás mejoren. La gente que sufre en el mundo está esperando tus valientes esfuerzos. Si descuidas tu misión especial y buscas tú propio placer personal, eres egoísta. Una persona egoísta y egocéntrica no puede amar de verdad a otra persona.

Por otra parte, si amas a alguien de verdad, mediante tu relación con esa persona, puedes convertirte en una persona cuyo amor se extienda a toda la humanidad. Este tipo de relación refuerza y enriquece tu interior.

Por último, las relaciones que estableces reflejan tu propio estado de vida. Sólo podrás aspirar a crear unos excelentes vínculos amorosos en el futuro si pules tu propia personalidad.

TOMARSE TIEMPO

En nuestra cultura, todo, desde la publicidad hasta las películas, pasando por las series televisivas, parece decirnos que el sexo y el romanticismo son lo que nos hará felices.

El mensaje que transmiten algunos medios de comunicación y otros que influyen en la juventud refleja una sociedad de adultos deformada, que explota la mente de los jóvenes. Crean una programación para obtener beneficios sin pensar en el bienestar de la juventud de hoy en día. Muchos jóvenes, rodeados de imágenes populares y de la presión de los amigos, tienen prisa por encontrar novio o novia. Parecen sentir que están perdiéndose algo si no lo tienen, ya que la televisión y las películas les dicen que, a su alrededor, todo el mundo tiene pareja. Pero no hagas algo sólo porque parezca que todo el mundo lo hace. Lo importante es que veas estas cosas como lo que son. Tu juventud es un tesoro. *Cada uno de ustedes vale muchísimo.* Es absurdo dejarse manipular por la cultura pop. En cambio, espero que sigas tu propio camino en la vida.

Pensar que estar enamorado es lo mejor y el único fin en la vida es engañarse pensando que mientras estás enamorado no importa nada más. Se trata de una idea errónea, que viene a decir que hundirse cada vez más en una relación dolorosa y que puede ser destructiva es, en cierto modo, atractivo.

El budismo se basa en el sentido común y la razón.

Por lo tanto, enseña que en la vida hay tiempo para todo: tiempo para ser joven, tiempo para hacerse adulto, tiempo para casarse, etc. Ir atravesando cada etapa paso a paso es razonable.

En las escrituras budistas, denominadas sutras, aparece la historia de un hombre rico que envidia la preciosa casa de tres pisos de otra persona. Así que contrata a un carpintero que le construya una mansión igual de grande. El carpintero accede y, como es normal, empieza a construir desde los cimientos hacia arriba, pero el hombre rico se impacienta y le dice: "No quiero cimientos. Y no quiero ni el primero ni el segundo piso. Lo único que quiero es una casa con una altura de tres pisos. Date prisa y construye el tercer piso". Esta historia puede parecer absurda, pero hay mucha gente que se comporta así.

Del mismo modo que la casa terminará cayéndose si no tiene cimientos o si los cimientos se echan de cualquier manera, es evidente el tipo de resultados que puedes esperar si tomas atajos. Igualmente, no es sensato tratar de vivir como un adulto antes de ser capaz de cuidarte bien tú mismo.

Demasiado a menudo, cuando una relación termina, la gran pasión que la inspiró al principio parece una ilusión. Las cosas que aprendes estudiando, sin embargo, valen para siempre. Por eso es importante no dejar nunca que una relación extinga la llama de tu curiosidad intelectual.

Lo importante es que te esfuerces siempre al máximo en lo que tengas que concentrarte en cada momento. Con estos esfuerzos, te convertirás en un individuo con un futuro realmente maravilloso.

Espero que no lo eches todo a perder y que hagas valer tu potencial ilimitado. Hay demasiada gente que corta de raíz una brillante promesa por perseguir ciegamente un romance. Tal como nos recuerda el refrán "el amor es ciego", algunas personas pueden perder su objetividad cuando se enamoran.

A
M
O
R

SER FIEL A UNO MISMO

A veces, cuando tengo pareja, es como si no fuera yo mismo. Trato de ser a toda costa lo que la otra persona quiere que sea.

Buscar constantemente la aprobación de tu pareja es degradante. En este tipo de relaciones falta el afecto, la hondura e incluso el amor. Si no te tratan como tu corazón te dice que deberían, espero que tengas el valor y la dignidad para decidir que estarás mejor si rechazas el menosprecio de tu pareja que soportando la infelicidad.

Una persona superficial sólo tendrá relaciones superficiales. El amor verdadero no consiste en que una persona se cuelgue de otra, sólo puede surgir entre dos personas fuertes y seguras de su individualidad firme.

En lugar de aferrarte tanto al amor que parece que sólo existan ustedes dos, es mucho más sano que sigas esforzándote por mejorar y crecer a la vez que aprendes de las cualidades de tu pareja, a la que respetas y admiras. Antoine de Saint-Exupéry, autor de *El principito*, escribió en una obra titulada *Viento, arena y estrellas*, "Amar no es mirarse el uno al otro, sino mirar juntos en la misma dirección". Las relaciones duran más cuando ambos comparten valores y creencias parecidos.

El amor verdadero no consiste en hacer lo que quiera la otra persona o creer que eres algo que en realidad no eres. Alguien que te quiere de verdad, no insistirá en que hagas nada en contra de tu voluntad ni te implicará en ninguna actividad peligrosa.

Sin respeto, ninguna relación durará mucho y además ninguna de las dos personas podrá sacar lo mejor del otro.

Personalmente, espero que los hombres sean muy corteses y atentos con las mujeres, respetándolas y haciendo todo lo posible por apoyarlas. La responsabilidad de los hombres es ser lo suficientemente fuertes, compasivos y adultos para procurar la felicidad de sus parejas durante toda la vida. Para los hombres que se esfuerzan por cultivar esta cualidad, esto es también una expresión del amor verdadero.

Es también importante pensar en cuando tengas tus propios hijos: ¿cómo te gustaría que les tratasen cuando se enamorasen? Si no puedes imaginarte esa situación, todavía no estás listo para el amor.

Creo que es importante que todo el mundo tenga al menos una persona con la que poder hablar de todo, especialmente sobre el amor. Me preocupan especialmente aquellos que se han cerrado a sus amigos y familia: está bien guardarse algunas cosas para uno mismo, pero a veces los secretos pueden hacerte daño. En cuestiones amorosas, debes aceptar, por tu bien, que no eres necesariamente el mejor juez de tu situación, y debes ser lo suficientemente sensato para dirigirte a otros para conocer sus opiniones objetivas y sus consejos.

Por mucho que parezca que te estés divirtiendo ahora o por muy en serio que creas que va tu relación, si permites que tu vida amorosa consuma tu tiempo y tu energía a costa de tu crecimiento, solamente estarás jugando. Y si siempre estás jugando, eso es lo que será tu vida: un juego.

A
M
O
R

LA ADICCIÓN AL AMOR

¿Qué piensas de la gente que siempre tiene que tener pareja, que no soporta estar solo ni un momento?

Cada persona es libre de vivir a su manera, y el carácter de cada persona es distinto. Sin embargo, creo que es una pena ir buscando el amor constantemente. Si alguien va a enamorarse, ¿no sería maravilloso si ese amor diese lugar a una boda? ¿Y no sería todavía más maravilloso tener un gran amor que durase toda la vida? Evidentemente, esto no siempre pasa. Pero es injusto iniciar una relación con alguien si no has decidido comprometerte a que sea una relación seria y, por el contrario, estás siempre buscando un sustituto por si se termina ésta.

Si tienes un amigo que siente que necesita estar constantemente emparejado, ¿por qué no le hablas con el corazón en la mano? Intenta explicarle que en el futuro tendrá muchas posibilidades. No hace falta apresurarse; no hace falta darse prisa por crecer. Si a tu amigo le gusta alguien, no pasa nada por guardar ese sentimiento en su corazón mientras trata de perfeccionarse a sí mismo para que pueda convertirse en el tipo de persona de la que cualquiera pueda estar orgulloso. El desarrollo personal es la base para tener relaciones felices en el futuro.

PROTEGERSE A SÍ MISMO

¿Cómo sabes cuándo te están utilizando?

Algunos chicos sólo van detrás de las chicas para satisfacer sus impulsos sexuales. Por lo tanto, las chicas deben estar alerta y cultivar sus capacidades de sensatez y juicio para poder distinguir a estas personas. Las chicas también pueden iniciar relaciones sexuales, aunque normalmente lo hacen para profundizar en la relación, y ésta es un arma de doble filo. Si la relación que mantienes está haciendo que tus padres se preocupen o hacen que descuides tus estudios o que tengas un comportamiento destructivo, tu pareja y tú se están influyendo de un modo negativo. Ninguno de los dos serán felices y pueden terminar haciéndose daño.

A
M
O
R

PROTEGERSE A SÍ MISMO

Mis padres y amigos están preocupados porque estoy saliendo con un hombre mayor. No veo por qué tiene tanta importancia.

Cualquier mujer joven es muy vulnerable a las insistentes insinuaciones del sexo opuesto, especialmente a las de hombres mayores que ellas. Actúan como si estuvieran embobadas y pierden la capacidad para tomar decisiones pausadas y racionales. Ésta es precisamente la razón por la que es fundamental que las mujeres jóvenes se fortalezcan interiormente y se respeten a sí mismas. Como son las que más a menudo salen heridas, tienen todo el derecho a reafirmar su dignidad y preocuparse por su bienestar. Si el hombre en cuestión no respeta este derecho, no merece la pena estar con él. Sin embargo, a algunas personas, una vez que han iniciado una relación, les cuesta mucho decir "no" por miedo a perder a la otra persona. En estos casos, el amor es como conducir un coche sin frenos. Aunque lamentes haber entrado y quieras salir, el coche no se detendrá. Hay personas que normalmente empiezan una relación pensando que son libres e independientes, pero en un momento dado se dan cuenta de que han quedado atrapadas en la relación. Esto vale tanto para los chicos como para las chicas.

Vales mucho. Por eso, espero que te trates a ti mismo con el máximo respeto. En lugar de seguir un camino que te haga sufrir, toma la mejor dirección para sentirte bien.

Lo cierto es que el amor ideal sólo se construye entre dos personas sinceras, maduras e independientes. Por lo tanto, es fundamental que el crecimiento personal sea para ti una prioridad y no te dejes llevar por el romanticismo.

EL SEXO

Mi novio quiere tener relaciones sexuales conmigo. Le quiero y no quiero perderle. ¿Qué debo hacer?

El interés de los jóvenes por las cosas, incluido el sexo, es una parte natural de su crecimiento como seres humanos. Sin embargo, hay cosas que puedes lamentar durante toda la vida si te dejas llevar ciegamente por el deseo físico.

La necesidad de explorar ese aspecto es muy fuerte, y se ve animada tanto por tu cuerpo como por tu mente, así que es importante tener una actitud correcta y comprender que lo que decidas hoy y lo que hagas, tendrá sus consecuencias. Tu futuro no existe en un lugar lejano. La semilla para tu futura felicidad está en el comportamiento que tengas hoy, en tu estado de ánimo actual. Por eso, es importante que pienses en el mejor tipo de relación que puedas tener con tus amigos, tus parejas y con cualquier persona que sea importante para ti. Si te enamoras, espero que recuerdes que, al final, la mejor relación es aquella en la que tanto tu pareja como tú puedan seguir desarrollándose personalmente.

La tendencia que tienen sobre todo los adolescentes es a seguir ciegamente el amor.

Pero he de decirte que el amor es algo más que hacer todo lo que proponga tu novio. Me consta que hay demasiados adolescentes que contraen enfermedades y chicas que se quedan embarazadas, y sufren durante mucho tiempo, a veces para siempre, como resultado de pasiones momentáneas.

La relación ideal es aquella en la que ambos tienen un gran objetivo en el futuro, animándose y ayudándose mutuamente para desarrollarse. Si tu novio se preocupa realmente por ti, no te forzará a hacer nada que no

A
M
O
R

quieras. Si dices "no" con firmeza, podrás descubrir si es realmente sincero.

Espero que tomes una acción que sea acorde con el tipo de futuro con el que sueñas y que no te dejes influir por lo que para los demás es divertido.

EL EMBARAZO EN
LA ADOLESCENCIA

¿Qué puedo decirle a una amiga que se ha quedado embarazada? ¿O a una que, aunque ha tenido suerte hasta ahora, está manteniendo relaciones sexuales sin tomar precauciones?

El embarazo no deseado es una tragedia. Los jóvenes suelen sentirse invencibles: creen que hagan lo que hagan, todo irá bien. Pero a pesar de ser optimista, en realidad este comportamiento es imprudente. Nadie está libre de la ley de causa y efecto. Aquellos que son sexualmente activos, pero hasta ahora han tenido suerte, deben tener en cuenta lo siguiente: abortar, especialmente cuando eres muy joven, puede ser deprimente síquicamente y constituye un riesgo físico. Y si decides continuar con un embarazo no esperado, es muy probable que tengas que sacrificar la libertad de realizar actividades en las que otros pueden participar libremente. La adolescencia es un periodo en el que debes sentar los cimientos de tu futura felicidad. Es una edad en la que tu cuerpo y tu mente son todavía muy frescos y flexibles, y puedes impregnarte de muchas cosas que serán importantes para ti durante el resto de tu vida. Es la edad en la que puedes llegar a dominar tus habilidades o dedicarte a estudiar, dando forma libremente a tu futuro como quieras. Sería una tragedia tener que renunciar a esta gran libertad siendo tan joven. Te perjudicarán, no sólo a ti mismo, sino también a tus padres y a todos los que se han preocupado tanto por ti durante muchos años. Respecto a tu amiga embarazada, creo que es fundamental que mantengas una relación *sincera* con ella. Eso no significa simplemente simpatizar con ella, sino darle la fuerza que necesita para que sepa defenderse por sí sola. Tu amiga puede estar sufriendo o puede que no sepa cómo reaccionar. Espero que puedas seguir dándole ánimo, respetando en todo momento sus decisiones. Dile que, por muy difíciles que sean sus circunstancias actuales, puede hacer que su situación se convierta en algo muy alegre. Por supuesto, esto no debe ser un razonamiento para dejar de tomar precauciones. Lo que significa es que nos pase lo que nos pase, siempre debemos mantener la esperanza.

AFRONTAR EL DESAMOR

He roto con alguien hace poco, y me siento muy deprimido.

Mucha gente puede identificarse con estos sentimientos. Pero sólo te derrumbas si eres víctima de obsesiones negativas o estás tan cegado por el amor que no puedes ver nada más. Sea como sea, haz siempre todo lo que puedas por vivir con valor y ser fuerte. La juventud es el momento para avanzar con valor hacia el futuro. Así que no te dejes llevar fuera de tu rumbo ni caer ni ocultarte en la sombra.

La juventud no es un momento para el pesimismo o la autocompasión. Esa es la mentalidad de los perdedores. En cambio, frente a este rechazo, espero que cultives un espíritu fuerte en el cual tendrás la seguridad de pensar: "Si no pueden apreciar lo maravilloso que soy, peor para ellos". John D. Rockefeller, el empresario y filántropo americano que amasó una gran fortuna, era así.

En su juventud, cuando era pobre, pidió en matrimonio a su primer amor, pero ella le dejó. Paradójicamente, la madre de la joven no le permitió a su hija casarse con alguien cuyas expectativas parecían tan poco prometedoras: ¡un ejemplo perfecto de lo difícil que es evaluar el potencial! En lugar de sentirse deprimido, parece que fue precisamente lo contrario lo que le ocurrió al joven Rockefeller.

No dejes que un corazón roto te desanime. Dite a ti mismo que no eres tan frágil ni tan débil como para que algo tan insignificante te derrumbe. Puede que pienses que la persona que has perdido es incomparable. Pero ¿cómo puede compararse esta persona con las próximas diez, cien, mil personas que conozcas? No puedes afirmar con seguridad que no vaya a haber otra persona que supere con creces a aquella otra en tus sentimientos. Conforme creces, el modo de ver a la gente también cambia. Estoy seguro de que a muchos de ustedes les han roto el corazón y se han sentido incapaces de seguir adelante, con la autoestima por los suelos.

Pero nunca debes pensar que no vales. Nadie puede sustituirte a ti, que eres más valioso que todos los tesoros del universo juntos. Sean cuales sean tus circunstancias actuales, eres irremplazable. Ten presente este pensamiento, lucha para superar todos los obstáculos y sal de todos los sufrimientos y desesperanzas.

Es fundamental que te fortalezcas. Si eres fuerte, hasta tu tristeza se convertirá en una fuente de enriquecimiento, y las cosas que te hacen sufrir te purificarán. Precisamente, cuando hayamos experimentado un gran sufrimiento podremos crecer fuertes y convertirnos en adultos capaces. He oído decir: "Si estás triste, llora, llora hasta que las lágrimas hayan lavado tu dolor". Es como cruzar un río de sufrimiento. Quienes lo han hecho, tienen una hondura y un brillo que desconocen quienes no lo han experimentado. La cuestión es no ahogarse en el río.

Lo importante es seguir avanzado. Si utilizas tu tristeza como fuente de crecimiento, te convertirás en una persona más profunda y abierta, un tú todavía más maravilloso. Esto es lo que cosechas con tu pena y tu sufrimiento.

Mantén la cabeza alta. Serás un vencedor por haber vivido con todo tu poderío.

APRENDIZAJE 4

- La finalidad del estudio

- La necesidad de dedicar tiempo

- El abandono

- La importancia de las notas

- Ir a una buena escuela superior

- El miedo al fracaso

- Trabajo y escuela superior

- La falta de dinero para asistir a la escuela superior

- La formación profesional

- La importancia de la lectura

- Adquirir el gusto por la lectura

- La importancia de la historia

- La verdad y la historia

- El arte transforma el corazón

- El gusto por el arte

LA FINALIDAD DEL ESTUDIO

¿Para qué hay que trabajar tanto en el colegio? ¿Por qué no se puede uno divertir cuando es joven?

Estas preguntas me recuerdan una historia graciosa. Un empresario japonés se fue a una isla del Sur del Pacífico donde vio a unos niños descansando en la playa, y les dijo: "Dejen de perder el tiempo. ¡Vayan ahora mismo al colegio y empiecen a estudiar!" A lo cual le contentaron: "¿Por qué íbamos a ir al colegio?" "Si van al colegio y estudian mucho", dijo el hombre, "pueden sacar buenas notas". "¿Y para qué queremos sacar buenas notas?", preguntaron los niños.

"Ah, si sacan buenas notas, pueden ir a una buena universidad". "¿Y qué pasará si vamos a una buena universidad?" "Si se gradúan por una universidad prestigiosa, pueden trabajar para una buena empresa o en un organismo público importante. Además pueden ganar un buen sueldo y, quizás, tener un buen matrimonio". "¿Y entonces?" "Pueden vivir en una bonita casa y disfrutar de la vida". "¿Y luego?" "Pueden trabajar mucho, llevar a sus hijos a un bueno colegio y jubilarse". "¿Y?", preguntaron los niños. "Luego pueden ir a un lugar agradable y cálido y pasar el día descansando". "Si ese es el objetivo", contestaron los niños, "no hace falta que esperemos. ¡Ya lo hemos conseguido!" Así que, ¿por qué pasamos tanto tiempo y gastamos tanta energía estudiando? ¿Con qué fin vivimos la vida? ¿Para qué sirve el dinero? Si la única razón de vivir es tenerlo fácil, quizás no haga falta esforzarse tanto para ir a un buen colegio o encontrar un buen trabajo. Los buenos colegios y los buenos trabajos no te garantizan automáticamente la felicidad ni el tener las cosas fáciles.

Aunque lo busques, nada te garantiza que vayas a ser feliz si lo consigues. Sólo puedes exprimir tu potencial y lograr la verdadera felicidad si aceptas los desafíos de la vida. El objetivo de nuestras vidas es cumplir nuestra misión y hacer todo cuanto esté a nuestro alcance para ayudar a quienes sufren. Para ello, necesitarás fuerza y carácter. Por eso hago constantemente hincapié en todo lo que se gana trabajando duro y planteándose retos ahora.

Cuando yo era joven, tenía un amigo que sobresalía fácilmente en todo y a quien admiraba. Así que te puedes imaginar mi sorpresa cuando, veinticinco años después, recibí una carta de otro amigo contándome que esta persona había terminado "llevando una vida triste que sólo podía calificarse de horrorosa, llena de problemas financieros y familiares". Quizás te preguntes cómo pudo ocurrirle esto a una persona que tenía tantas posibilidades en su juventud. Creo que es porque, como le habían mimado y malcriado tanto en su juventud, mi amigo nunca aprendió lo que era el trabajo duro y lo que significaba luchar por conseguir algo. Nunca aprendió lo que era una vida profunda y sustancial. Como pensaba que tendría todo lo que quisiese sin tener que mover un dedo, nunca se planteó ningún desafío, ni siquiera se salió de su camino para evitar un gran esfuerzo.

LA NECESIDAD DE
DEDICAR TIEMPO

Entre el colegio, los deberes, las tareas y otras necesidades, no tengo tiempo libre. Todo esto me está haciendo sentirme limitado.

Aunque no puede negarse que a veces estamos presionados por los horarios, creo que te equivocas al ver las cosas que has mencionado como actividades desagradables que te quitan tiempo. Si lo piensas, la única razón por la que tienes la oportunidad de ir al colegio y estudiar es precisamente porque disfrutas de una gran libertad.

¿Ir al colegio te parece un derecho o una obligación? ¿Una actividad liberadora o algo que te impide hacer lo que quieres? Todo depende de tu filosofía personal, de tu sabiduría. Si eres pasivo, te sentirás atrapado e infeliz hasta en el entorno más libre. Pero si adoptas un enfoque activo y afrontas tus circunstancias, serás libre por muy restrictiva que sea tu situación.

Cuanto más fuerte seas, más libre serás. Una persona sin mucha resistencia puede tener grandes dificultades, hasta para subir una pequeña cuesta. Una persona enferma puede no conseguirlo en absoluto. Pero una persona sana y fuerte puede escalar fácilmente una montaña, y hacerlo disfrutando y pasándoselo bien. Para escalar las montañas que son las metas de tu vida, es importante desarrollar la fuerza.

Construye una personalidad lo suficientemente fuerte para poder ser activo en el colegio y en tus actividades externas. Si tienes fuerza y capacidad, tendrás libertad.

Lo mismo vale para los deportes o la música. Para practicar el deporte que elijas o tocar el instrumento que te

APRENDIZAJE

guste con una maestría y una facilidad totales, debes adquirir un nivel de destreza adecuado, debes estar preparado para hacer algunos sacrificios y poder practicar en la medida necesaria.

Los niños que sufren enfermedades graves o viven en países destrozados por la guerra no pueden ir al colegio aunque quieran. Muchos niños en circunstancias más afortunadas, que tienen la oportunidad de ir al colegio, nunca llegan a apreciar realmente lo libres que son. Tener la oportunidad de ir a un colegio, donde puedes prepararte para la vida y para todo lo que quieras hacer en el futuro, es síntoma de gran libertad. Y es un error no darse cuenta.

Recuerdo una historia que oí hace poco sobre un joven que tenía muchos mielomas, una clase de cáncer de hueso muy dolorosa y limitativa. Durante los dos últimos años de su vida, con todo su cuerpo cubierto de yeso por sus múltiples fracturas de huesos, visitó los institutos de bachillerato de su ciudad en su silla de ruedas para hablar de las terribles consecuencias del abuso de drogas. Les decía a los estudiantes: "¿Quieren destruir su cuerpo con nicotina, alcohol o heroína? ¿Quieren destrozarse en un accidente de coche? ¿Están deprimidos y quieren tirarse por un puente? ¡Pues denme su cuerpo! ¡Dénmelo! ¡Lo quiero! ¡Yo lo tomaré! ¡Quiero vivir!" Durante la guerra de la antigua Yugoslavia, según un informe, los niños hablaban de sus sueños. Uno dijo: "Tenía muchos sueños, pero la guerra me los está quitando todos". Otro decía: "Nuestro sueño es llevar una vida normal con nuestros amigos, poder ir al colegio". En los últimos años, la nación africana de Ruanda ha sufrido una guerra civil amarga y cruel. En una familia, los niños perdieron a sus dos padres, sólo sobrevivió la abuela. Uno de los niños mayores tuvo que dejar la escuela para ocuparse de los demás. Estaba tan triste por no poder ir más a la escuela que a veces lloraba toda la noche. Sus otros hermanos, que aún iban a la escuela, compartían con él las lecciones cuando volvía a casa después de trabajar.

Pero si esa fuera toda la historia, tendríamos que concluir que todo depende totalmente de nuestro entorno.

Y no es así. La vida y la condición humana no son tan sencillas. El budismo enseña que la verdadera libertad está relacionada con la condición vital interior de cada uno. Alguien con una condición vital abierta es libre aunque esté encerrado en la prisión más hermética del mundo. Natalia Sats, antigua presidenta del teatro musical infantil estatal de Moscú, que luchó contra la opresión y fue encarcelada, también convirtió su celda en un lugar de aprendizaje. Animó a los demás presos a compartir sus conocimientos especiales con los demás. Uno enseñaba química, otro medicina. Natalia Sats, que era cantante y animadora, cantaba canciones y recitaba poemas de Aleksandr Pushkin, infundiéndoles a todos valor y esperanza.

Seguro que conoces la historia de Helen Keller. Cuando era un bebé de dieciocho meses perdió la vista y el oído. Como había perdido el oído también le resultó difícil aprender a hablar. Pero trabajando con su profesora, Anne Sullivan, al final, aprendió a leer, escribir y hablar, y se graduó por el Radcliffe College de Boston.

Seguramente, nadie podía tener tantas limitaciones como ella, incapaz de hablar, oír o ver. Su mundo era oscuro y silencioso. Pero sacó la oscuridad de su corazón. A los nueve años, dijo su primera frase: "Hace calor". Nunca en la vida olvidó la sorpresa y la alegría que sintió en ese momento.

Logró romper la prisión del silencio que la tenía confinada. Sin embargo, como era humana, a veces se sentía desalentada por todas las horas que tenía que pasar estudiando, con todos los libros de texto deletreados concienzudamente en su mano, mientras otros estudiantes cantaban, bailaban y se divertían. En *La historia de mi vida*, escribe:

> *Me resbalo muchas veces y retrocedo, me caigo, me quedo quieta, corro hacia el borde de obstáculos ocultos, pierdo los estribos y luego recupero la calma y me siento mejor. Me cuesta caminar, avanzo un poco, me siento animada, me entusiasmo más y subo más y empiezo a ver un horizonte que se abre. Cada lucha es una victoria.*

EL ABANDONO

Conozco a alguien que ha dejado el colegio, y me preocupa lo que pueda pasarle.

Preocuparse por el bienestar de otro es la señal de una que persona evoluciona. Existen muchos modos de expresar tu preocupación. Según la situación, le puedes hacer saber que te preocupa o que esperas poder volver a verle en el colegio pronto. Puedes visitarle, escribirle o llamarle. Es posible que la situación no cambie inmediatamente. Pero palabras sencillas como "Espero volver a verte pronto en el colegio; sin ti no es lo mismo" pueden hacerle más fácil la vuelta cuando se sienta preparado. En otras palabras, allánale el camino y hazle sentirse bienvenido.

Una joven me contó que en su primer año de secundaria lo pasó fatal porque no podía hacer amigos. Al principio del segundo semestre decidió dejarlo porque se sentía miserable. Pero una compañera de clase le llamó para animarla y le invitó a comer juntas en el colegio.

Se sintió emocionada y animada por la amabilidad de su compañera y, como no quería decepcionarla, a partir de entonces fue al colegio todos los días. Ahora, dice, son excelentes amigas y se lo cuentan todo.

Hay muchas razones, incluso la enfermedad, por las que la gente no asiste a clase. Algunos no quieren seguir las vías educativas tradicionales o sus situaciones les impiden hacerlo. Conozco a un estudiante que se hartó de la secundaria y encontró un trabajo que le gustaba. Es un trabajador excelente y se ha convertido en alguien sumamente útil para sus jefes.

Al igual que él, hay mucha gente que se siente muy satisfecha con las elecciones que han tomado, y está bien. No obstante, personalmente, espero que termines la secundaria y, si es posible, la escuela superior. Puedes hacer cursos por correspondencia o ir a escuelas de formación profesional o hacer exámenes para que te convaliden la secundaria.

Pero algunos jóvenes, por diversos motivos, abandonan el colegio y buscan retos en otros ámbitos. Lo importante es que sigan adelante. Cada persona es distinta; no debemos compararnos con los demás.

Sigue avanzando, aunque sólo sean uno o dos pasos, de un modo en el que tú creas. Quienes viven más plenamente, sin distraerse con el ruido del barullo que les rodea, son los ganadores de la vida. No abandones nunca. No pierdas nunca la esperanza.

LA IMPORTANCIA
DE LAS NOTAS

Aunque he hecho todo lo posible, he sacado un promedio muy bajo en las notas. ¿Significa que soy un fracaso?

Aunque, evidentemente, es importante recibir una enseñanza, el potencial humano no está tan limitado que pueda medirse únicamente por la capacidad de memorización. Las notas son sólo un modo de descubrir la piedra preciosa que hay en el centro de tu vida. Así que espero que no te valores sólo por las notas que sacas o por el colegio al que vas.

Hace poco, se ha dicho que el CE (cociente emocional) es más importante que el CI (cociente intelectual). Esto demuestra la importancia de estas virtudes humanas tan diversas, como la compasión o un fuerte espíritu luchador, que ningún cociente intelectual puede evaluar. Por esta razón, es absurdo pensar que las notas que saques a los dieciséis o dieciocho años o cuando sea, vayan a determinar el resto de tu vida. El potencial humano es mucho mayor que todo eso.

Evidentemente, tus estudios son importantes. Pero las notas que saques ahora no te condenarán a un futuro menos brillante. Si piensas así, no podrás cultivar tus habilidades. Si dejas de explotar la piedra preciosa de tu vida, se interrumpirá tu desarrollo personal, y eso es algo que tienes que evitar a toda costa.

Algunos son aceptados en universidades, pero una vez que han llegado allí no se esfuerzan todo lo que deben. Algunos se vuelven autoritarios y arrogantes.

El mundo necesita líderes, no elitistas. Otros dejan de

esforzarse en crecer personalmente después de entrar en una gran empresa o convertirse en funcionarios, médicos o abogados. Algunos licenciados por las mejores universidades llegan incluso a cometer delitos. Muchas personas se olvidan de trabajar por los demás cuando alcanzan sus propios objetivos profesionales.

En realidad, graduarse y conseguir un trabajo es sólo el principio, más no el fin. Pero muchos piensan sólo en lo que quieren ser, y no en cómo pueden aportar algo a la sociedad. La grandeza de un ser humano no se deriva sólo por la formación académica o la posición social.

Tu futuro depende de los esfuerzos que hagas y de que tomes el camino correcto. Lo importante no es compararse con los demás sino con cómo eras tú ayer.

La cuestión es cómo podemos vivir felices, fieles a nosotros mismos, mirando siempre hacia delante y avanzando. Imagina que estás perdido en la jungla. Quieres encontrar el modo de salir y llegar al mar pero no sabes qué dirección tomar. ¿Qué haces entonces? La respuesta es seguir hacia delante. Al final, llegarás al río, y cuando sigas el río corriente abajo, llegarás al mar.

Ser joven significa luchar contra todo tipo de problemas. Significa resolverlos a pesar de las dificultades, apartando las nubes oscuras de desesperanza y avanzando hacia el sol, hacia la esperanza. Esta fuerza y esta capacidad de recuperación son los distintivos de la juventud.

Los budistas adquieren sabiduría poniendo en práctica día a día la teoría de que lo importante es seguir avanzando. Mientras afrontas los diversos problemas, es fundamental avanzar, aunque sólo sean una o dos pulgadas. Si lo haces, después, cuando mires hacia atrás te darás cuenta de que has ido abriéndote camino por la jungla más rápido de lo que pensabas.

IR A UNA BUENA
ESCUELA SUPERIOR

Aunque estudies mucho, es difícil entrar en una buena escuela superior.

No ir al colegio que tú quieres es, sin duda, decepcionante. Pero, a la larga, importa poco graduarse por una escuela concreta. La formación académica no lo es todo; quienes empiezan en circunstancias difíciles y avanzan hasta convertirse en gente de carácter pueden ser fuentes de esperanza e inspiración para muchos. Lo esencial es seguir estudiando y aprendiendo.

Una vez que te hayan aceptado en una escuela – aunque no sea tu primera elección e independientemente de la opinión que la sociedad tenga – es importante que decidas que la escuela a la que vas a ir es el lugar perfecto para aprender todo lo que quieres. A largo plazo, esta actitud es mucho más constructiva.

Y no permitas que tu seguridad se tambalee por la opinión de otros.

Dicho esto, si hay una universidad a la que quieras ir, sigue estudiando mucho, a menudo mucho más que los demás. Jugando y soñando no llegarás adonde quieres.

Si piensas "salir por ahí con mis amigos es más importante" o "No voy a molestarme en trabajar más de lo necesario", no llegarás a ningún sitio. No se consigue nada grande sin un esfuerzo importante.

Para aprender, no existe ningún camino fácil. Estudia tanto que sorprendas a todo el mundo. Este gran esfuerzo se convertirá en un recuerdo maravilloso, noble y satisfactorio de tu juventud. Será una medalla de honor de la que te sentirás orgulloso. Como ser humano, tienes todo el derecho a soñar sobre lo que te gustaría hacer, algo que sea sólo para ti, pero tu obligación es seguir desafiándote a ti mismo para conseguirlo.

La finalidad del estudio no es a qué universidad irás sino hacer bien algo que contribuya a tu enriquecimiento personal.

Hay un refrán budista que dice, "No aprender es rebajarse". Lo que nos hace humanos es nuestra capacidad de aprendizaje.

Ahora estamos viviendo la era de la información. Si no sigues estudiando a lo largo de tu vida, pronto te quedarás atrás. Tener hábito de estudio durante toda la vida es un requisito importante para futuros líderes. Los estancamientos a los que se enfrenta la sociedad son, en realidad, estancamientos de sus líderes. Y normalmente se deben a que han dejado de aprender. Les faltan ganas y una mente abierta para escuchar las ideas de la generación joven con el fin de adoptar y poner en práctica aquellas que son valiosas. La educación es un esfuerzo que hay que realizar a lo largo de toda la vida; no basta con obtener una licenciatura. Alguien dijo una vez que aproximadamente el diez por ciento de lo que necesitamos en la vida lo aprendemos en el colegio, tenga el prestigio que tenga. Todos se enfrentan al desafío de triunfar en una sociedad que destaca las virtudes reales más que nunca.

A veces es tan sencillo como la historia de la liebre y la tortuga. Algunas personas son liebres y otras, tortugas. Los que ganan al final avanzan en su camino de un modo continuo y uniforme hasta que llegan a la meta. Terminar esta carrera es, de por sí, una victoria.

EL MIEDO AL FRACASO

Me da miedo lo que piensen los demás sobre lo que hago en el colegio.

El mayor enemigo del aprendizaje, ya estudies ciencias, matemáticas, arte, idiomas o cualquier otra asignatura, es el miedo. Cuando nos da miedo que se rían de nosotros, que nos menosprecien por nuestras limitaciones, se hace muy difícil progresar.

Debemos ser valientes. ¿Y qué si se ríen los demás? Los que se ríen de la gente que se esfuerza deberían avergonzarse.

No hace falta que nos comparemos con los demás. Lo importante es nuestro crecimiento, aunque sea un poco más lento. Debemos luchar constantemente para sacar a la luz y pulir la joya que llevamos dentro. Hay infinitos ejemplos de personas que no sobresalían en el colegio, pero extrajeron una inmensa fuente de potencial oculto cuando entraron en la sociedad y adquirieron experiencia en la vida.

APRENDIZAJE

TRABAJO Y ESCUELA SUPERIOR

Preferiría trabajar y ganar dinero al terminar la secundaria, en lugar de cursar la escuela superior.

El trabajar o no después de la enseñanza secundaria es una decisión que debes tomar después de hablarlo bien con tu familia. Conozco a muchas personas que sólo estudiaron la secundaria y ahora están ayudando mucho a la sociedad.

Sin embargo, espero que quienes están ahora en la secundaria prosigan sus estudios. Los animo a que entren en la escuela superior. La juventud es el momento ideal para estudiar. Sin lugar a dudas, si estudian ahora, tendrán un valiosísimo punto a favor para enfrentarse a la vida.

Cuando yo estudiaba, Japón estaba en guerra. Yo quería estudiar pero era muy difícil. Durante la guerra, estaba prohibido aprender inglés porque se veía como un "idioma enemigo". Después de la guerra, seguía siendo difícil estudiar, porque nos pasábamos casi todo el tiempo trabajando para llegar a fin de mes.

Aun con todo, quería estudiar, así que fui a la escuela nocturna. Devoraba con ansiedad todos los libros que podía. Todavía recuerdo todo lo que aprendí entonces, y lo utilizo constantemente.

LA FALTA DE DINERO PARA ASISTIR A LA ESCUELA SUPERIOR

Mi familia es demasiado pobre como para que pueda asistir a la escuela superior.

Si los estudiantes de familias con dificultades financieras quieren asistir a la escuela superior, pueden asistir al programa de dos años de su comunidad local para empezar, pueden ir a la escuela nocturna o seguir cursos por correspondencia, o pueden trabajar a tiempo parcial mientras van a la escuela. También hay becas y planes de créditos especiales para estudiantes.

En última instancia, depende del esfuerzo que hagan.

Trabajar duro y hacer lo mejor que puedas cada día es un reto. Cuanto mayor sea este reto, mayor será nuestro júbilo y nuestra sensación de plenitud cuando lo consigamos. Si hacemos todo cuanto esté en nuestra mano, podremos salir vencedores; podremos convertirnos en gente con una gran personalidad. Cuando las plantas están expuestas a fuertes vientos, sus raíces se hacen más profundas. Todo funciona así. Si no tenemos retos, crecemos perezosos y nos echamos a perder; nuestras vidas se vuelven vacías y áridas. Cualquier vacío implica infelicidad.

Espero que no caigas en la trampa de sentirte incómodo para pedir un crédito o asustarte por todo lo que tendrás que trabajar para devolverlo. La gente que no desea estudiar es la que es, en realidad, pobre. Sin embargo, los que desbordan ilusión por estudiar son ricos.

APRENDIZAJE

LA FORMACIÓN PROFESIONAL

Mis padres quieren que vaya a la universidad, pero yo prefiero probar algo como una escuela de formación profesional.

¡Tienes mucha suerte de tener unos padres así! La formación profesional y las carreras de cuatro años tienen cada una sus ventajas. En la sociedad actual, los que se especializan pueden tener más ventajas para encontrar trabajo. Pero también creo que es maravilloso que un estudiante asista a una escuela superior de cuatro años y luego se especialice en un campo más específico.

Ir a la universidad y exponerse a una gran variedad de cursos es un buen modo de cultivar el intelecto y desarrollarse como persona. Además, la educación superior es una herramienta importante para forjar el carácter.

Vivir en un internado es, de por sí, una lección de vida, una lección en la que aprendes a establecer lazos de amistad y relaciones humanas duraderas.

Las personas con educación superior y cultivadas de todo el mundo tienen un denominador común: unos amplios conocimientos y erudición. La enseñanza ofrece la oportunidad de ascender a un alto nivel de desarrollo personal.

Es como escalar una montaña. Cuanto más subas, mayor será tu campo de visión y más se abrirá el mundo ante ti. Empiezas a ver cosas que antes no podías ver.

En todo caso, la cuestión de qué estudiar (formación profesional, escuela superior de dos años o carrera), es algo que sólo puedes decidir tú teniendo en cuenta muchos factores, como tus circunstancias familiares, las asignaturas o materias que se te dan mejor y tu deseo personal.

Evidentemente, para decidir qué hacer, te conviene consultar a más personas (tus padres, profesores, amigos). Pero una vez que tomes tu decisión y la pongas en práctica, no mires hacia atrás. No debes vivir lleno de indecisión y constantes lamentos. El éxito o el fracaso en la vida se deciden en el último capítulo, no en la primera página.

A
P
R
E
N
D
I
Z
A
J
E

LA IMPORTANCIA DE LA LECTURA

Nunca me ha gustado leer.

A muchas personas les parece aburrido leer. Es posible que la televisión aparte a la gente de los libros. O que los computadoras y videojuegos les resulten más atractivos. Sea como sea, a algunos jóvenes les gusta leer y a otros no. Pero hay una cosa clara: los que conocen el gran placer de la lectura tienen vidas más ricas y mejor visión de la realidad.

Los libros te dan a conocer las perfumadas flores de la vida, los ríos, las rutas y las aventuras. Puedes encontrar estrellas y luz, gozar o sentir rabia por la injusticia. Te sientes desorientado en un gran mar de emociones, en el barco de la razón, acunado por la brisa infinita de la poesía. Los sueños y las emociones evolucionan. Todo el mundo despierta.

La lectura es un privilegio exclusivo de hombres y mujeres. Ningún otro ser vivo de este planeta puede leer. Toparse con un gran libro es como toparse con una gran profesor. Mediante la lectura, nos ponemos en contacto con cientos y miles de vidas y nos unimos a los sabios y filósofos de hasta hace dos mil años.

La lectura es un viaje. Puedes viajar al este o al oeste, al norte y al sur, y descubrir nuevas gentes y lugares.

La lectura trasciende el tiempo. Puedes hacer una expedición con Alejandro Magno o hacer amigos con Sócrates y Víctor Hugo, y dialogar con ellos.

Casi sin excepción, las grandes personas de la historia tuvieron un libro que adoraron durante su juventud, un libro que fue para ellos como un guía, una fuente de aliento, un buen amigo y un mentor.

Para sentir verdadera satisfacción con cualquier cosa hace falta práctica, formación y esfuerzo. No puedes convertirte en un gran esquiador o patinador sin practicar. Lo mismo es válido para tocar el piano o manejar una computadora. Del mismo modo, hace falta perseverancia y paciencia para llegar a que te guste la lectura.

Leer te da acceso a los tesoros del alma humana, de todas las épocas y todos los lugares del mundo. Quien lo sabe, posee una riqueza inigualable. Es como si tuvieras muchos bancos de los que pudieras sacar dinero sin límite. Y los que han probado este placer, los que ven los libros como amigos, son fuertes.

A
P
R
E
N
D
I
Z
A
J
E

ADQUIRIR EL GUSTO POR LA LECTURA

¿Cómo puedo conseguir que me guste más leer?

El primer paso es adoptar la costumbre de leer. Puedes empezar encontrando un libro sobre un tema que te interese.

Una novela de suspenso es una buena herramienta para seguir leyendo. Las bibliotecas y librerías están llenas de libros cuyos argumentos, una vez que los descubras, te darán ganas de seguir descubriendo lo que pasará después. Una vez que hayas elegido uno, tómate unos momentos para leer cada día, quizás mientras vayas al colegio en el autobús o esperando en la fila o antes de irte a la cama. Te sorprenderá lo rápido que progresas.

Leer es fundamental para el pensamiento. Quizás hasta pueda decirse que leer es señal de humanidad. No debemos limitarnos a un solo campo excluyendo los demás. Por muy destacadas que sean las personas, si no han leído buenas novelas escritas por los grandes autores del mundo, nunca podrán aspirar a convertirse en líderes importantes. Para construir una sociedad humana en la que la gente viva con dignidad, hacen falta líderes que conozcan grandes obras literarias. Esto es sumamente importante.

LA IMPORTANCIA
DE LA HISTORIA

¿Por qué tenemos que estudiar historia? Las clases de historia son aburridas con sus interminables listas de hechos y fechas para memorizar.

La historia es importante porque nos da una perspectiva más amplia.

Supón lo siguiente: Si siempre vamos mirando al suelo, es muy posible que nos perdamos al andar por la calle. Si miramos hacia arriba y tomamos puntos de referencia para orientarnos, podemos estar seguros de que vamos en la dirección correcta. O imagina lo que pasa si miras hacia abajo desde una montaña alta.

Desde un punto estratégico elevado, es fácil elegir la carretera que debes tomar. Lo mismo vale para la vida. Si siempre tienes una perspectiva superficial y sólo prestas atención a los pequeños detalles que tienes cerca, seguro que te ves atrapado en preocupaciones insignificantes y nunca avanzas. Hasta los obstáculos más pequeños se te antojarán insuperables. Pero si tienes una visión amplia de la vida, encontrarás naturalmente la solución a los problemas, ya sean de tipo personal, social o afecten a todo el mundo.

Cuantos más problemas tengas, más deberás leer sobre historia. Estudiando historia conoces los acontecimientos y vidas de gentes que pueden hacerte comprender tu propia vida. Encuentras revolucionarios apasionantes y traidores despreciables, tiranos orgullosos y héroes trágicos. Llegas a conocer personas que buscaron vidas pacíficas pero se vieron obligados a vagar por la jungla. Sientes breves momentos de paz, como una dulce sombra que te protege del sol ardiente, entre periodos de guerra aparentemente interminables.

Si estudias historia puedes ver grandes cantidades de personas sacrificadas por lo que sabemos que fueron absurdas

A
P
R
E
N
D
I
Z
A
J
E

supersticiones, así como hombres y mujeres de principios que entregaron sus vidas por amor a sus contemporáneos. Conoces a personas que salieron de un hondo sufrimiento para hacer posible lo imposible. Puedes ver este entusiasmo desde la distancia o como si estuvieras en medio de su niebla. Al verlo abrirse en tu mente, aprendes de un modo natural a ver la vida desde un punto de vista más abierto. Puedes verte a ti mismo en la cresta del gran río de la historia. Vemos de dónde venimos, dónde estamos y adónde vamos.

Conocer la historia es conocerse uno mismo. Cuanto mejor nos conozcamos mejor conoceremos la naturaleza humana, más precisa será la visión que tengamos de la historia. Desde una perspectiva budista, la historia es donde quedan grabadas las tendencias humanas, las causas y los efectos. Es la ciencia de la actividad humana, la estadística de la raza humana.

Por ejemplo, aunque no podamos predecir el tiempo con total seguridad, podemos predecir las tendencias según la probabilidad y las estadísticas. El corazón humano también es impredecible, pero la historia nos permite ver las tendencias y estadísticas que nos permiten comprender el futuro.

Por lo tanto, el estudio de la historia es el estudio de la humanidad. La historia es un espejo que nos guía para construir el futuro.

Los jóvenes son los protagonistas que escribirán la historia del mañana. Necesitan un espejo para verse la cara.

Del mismo modo, armados con el espejo de la historia, pueden ver lo que hay por hacer en el mundo que les rodea.

Mi mentor, Josei Toda, me enseñó que la historia es una señal que nos ayuda a ir con más seguridad del pasado al presente, del presente al futuro, para cumplir nuestros objetivos de paz y coexistencia armoniosa de toda la humanidad.

Como hay tal abundancia de historia registrada, una persona no puede esperar absorberla toda. Lo esencial es adquirir una perspectiva histórica firme, una comprensión de los principios históricos. Sí, estudiando historia, podemos aprender las tendencias negativas de la humanidad, podremos estar alerta y evitar que se repita otra vez nuestro pasado oscuro y destructivo. Si repetimos las horrores de la historia, significará que no hemos aprendido las lecciones que ésta nos da. Tal como afirmaba el filósofo George Santayana, "Quien no recuerda su pasado está condenado a repetirlo".

A
P
R
E
N
D
I
Z
A
J
E

LA VERDAD Y LA HISTORIA

Cuanto más estudio historia, más me doy cuenta de que lo que me han enseñado no es verdad.

La historia no es una verdad absoluta. Puede interpretarse de muchas maneras, por eso no debemos creer ciegamente lo que leemos en los libros de historia. Napoleón describió la historia como una historia acordada. Esto es verdad en determinados aspectos: la historia se escribe desde una perspectiva específica y no refleja la verdad absoluta y objetiva.

Evidentemente, conocemos las fechas de determinados acontecimientos, aquellos que son hechos indiscutibles. Pero las conclusiones históricas basadas en esas fechas no son tan fiables. A veces, lo que se convierte en la opinión histórica predominante es exactamente lo contrario de la verdad. Y, sin embargo, otras verdades mucho más importantes no quedan registradas en absoluto.

Por ejemplo, fijémonos en las Cruzadas, emprendidas por los cristianos europeos contra los poderes islámicos durante la Edad Media. ¡El modo en que europeos e islámicos cuentan las Cruzadas no tiene prácticamente nada en común! Evidentemente, los libros de historia islámicos no utilizan el término *cruzadas*, que tan heroico suena, sino que denominan agresores a quienes invadieron sus tierras.

De hecho, cuando se produjeron las Cruzadas, la civilización islámica era mucho más avanzada que la europea. Las Cruzadas invadieron las tierras islámicas, con saqueos y pillajes, dejando tras de sí una estela de destrucción. La historia islámica cuenta las horribles atrocidades que cometieron los cruzados.

Aprender sobre las Cruzadas no es tampoco un modo de entender el pasado. Hoy en día sigue habiendo prejuicios y animosidad entre cristianos e islámicos, que proyectan una sombra oscura sobre las posibilidades de paz en el mundo. Es el problema que tenemos hoy, y es un problema para el futuro.

Otro ejemplo: No hace mucho, se enseñaba que Cristóbal Colón descubrió América. Pero ya había gente viviendo allí. El descubrimiento fue sólo desde el punto de vista europeo. El problema es que el concepto del descubrimiento menosprecia implícitamente a los habitantes nativos de las Américas. ¡Algunos conquistadores del llamado Nuevo Mundo ni siquiera veían a los indígenas como seres humanos! Cuando los europeos iban de una isla del Caribe a otra, masacraban a sus habitantes o les rodeaban para que trabajasen como esclavos y casi aniquilaron poblaciones enteras.

Los habitantes nativos los habían recibido con los brazos abiertos y los invasores europeos se lo pagaron con violencia.

¿Qué podemos decir de esta "verdad histórica"? El punto de vista de que Colón descubrió América legitimiza a los "descubridores" y, por lo tanto, justifica que otros hagan cosas parecidas. La palabra *descubrimiento* encierra una visión histórica falsa, una visión de la humanidad que justifica con demasiada frecuencia la subyugación de otros pueblos por el interés de los conquistadores.

Eso es lo que se llama el punto de vista colonial, que generó múltiples tragedias en todo el mundo desde el inicio de los tiempos. Por esta razón es tan importante entender la historia. La historia de la humanidad sobre el "descubrimiento" se convirtió en una futura dominación que acarreó la miseria y la tragedia.

Esta estrecha visión colonial de la historia es la que subyace a la invasión japonesa de Asia. Desde el periodo Meiji, que comenzó en 1868, los japoneses intentamos ponernos a la altura de Europa y tratamos de convertirnos en los europeos de Asia. Maltratamos a nuestros vecinos asiáticos del mismo modo en que los europeos maltrataron a los indígenas de América tras la llegada de Colón.

Por un lado, nos sometimos y adulamos a los blancos, y por otro, éramos arrogantes y crueles con todas las demás razas.

Evidentemente, lo que deberíamos haber hecho era establecer lazos amistosos con nuestros vecinos asiáticos y trabajar con ellos por la paz mundial. Si los líderes japoneses lo hubieran visto así, y hubieran visto el futuro, la historia reciente de Japón sería muy distinta.

Así que, ya ves, un solo acontecimiento histórico puede tener distintos significados según cómo se interprete, según de qué lado estés. Ambas imágenes pueden parecer igualmente válidas, pero la verdad está en algún sitio entre ambas.

EL ARTE TRANSFORMA
EL CORAZÓN

Me han dicho que el arte es importante, pero las clases de arte parecen muy rancias e intimidantes.

La instrucción formal del arte puede parecer así, es cierto. Pero seguro que nadie ve el canto de un pájaro como algo formal o amenazante.

Y estoy seguro de que nadie se siente intimidado tampoco por un campo de flores. ¿Quién no se siente cautivado por la belleza de un cerezo en flor a la luz de la luna? Y en un día espléndido, miramos al cielo azul y pensamos ¡Qué maravilla!" Los borbotones de un riachuelo son una delicia para el oído y nos refrescan los sentidos. Todo esto son ejemplos de nuestro amor innato por la belleza.

El arte es belleza. Las grandes obra artísticas, al igual que la belleza inherente de la naturaleza, son un bálsamo para el alma, una fuente de vitalidad. El arte debe calmarnos y tranquilizarnos, no ponernos a la defensiva ni hacernos sentir incómodos. Puede alegrarnos cuando estamos agotados y levantarnos el ánimo cuando estamos tensos.

Muchas de nuestras actividades diarias están llenas de arte y cultura. Por ejemplo, cuando intentamos ponernos guapos o limpiar nuestra habitación cuando está sucia, estamos esforzándonos por crear belleza. Un simple flor en un jarrón puede transformar por completo una habitación, dándole un toque acogedor y agradable. Éste es el poder de la belleza.

El arte es la liberación de la humanidad que hay dentro de ti.

Las instituciones nos tratan como partes de una máquina. Nos asignan rangos y nos presionan considerablemente para

APRENDIZAJE

que cumplamos nuestros papeles establecidos. Necesitamos algo que nos ayude a recuperar nuestra humanidad perdida o distorsionada. Cada uno de nosotros ha reprimido sentimientos que han crecido, como un grito sin voz en lo más profundo de nuestra alma, esperando poder expresarse. El arte, tanto practicado como apreciado, da voz y forma a esos sentimientos.

Dejar que emanen esos sentimientos buscando el placer puede bastarnos por un momento. Pero a la larga, estas distracciones no nos llenan de satisfacción, porque los deseos íntimos de nuestro corazón, no han sido liberados. El arte es el grito del alma desde lo más profundo de nuestro ser.

Cuando creamos o apreciamos el arte, liberamos el espíritu que llevamos atrapado dentro. Por eso suscita tanto placer el arte. El arte (manifestado con virtuosismo o no) es la emoción, el placer de expresar la vida tal como es. Quienes ven arte se ven arrastrados por su pasión y su fuerza, su intensidad y su belleza. Por eso es imposible separar la vida del arte. Los desarrollos políticos y económicos parecen dominar las noticias, pero la cultura y la educación son las fuerzas que de verdad dan forma a una época, ya que transforman el corazón humano.

El concepto budista de la cereza, la ciruela, el melocotón y el albaricoque — la idea de que cada persona debe vivir intensamente, fieles a su individualidad exclusiva — tiene mucho que ver con la cultura y el arte. La cultura es el florecimiento de la verdadera humanidad de cada individuo, aquello por lo que trasciende las fronteras nacionales, los periodos de tiempo y otras distinciones. Del mismo modo, un resultado de la práctica budista es que podemos llevar una vida muy cultural y servir de inspiración a los demás.

EL GUSTO POR EL ARTE

¿Puedo aprender a apreciar el arte aun sin clases?

Sin ninguna duda. Puedes empezar disfrutando del arte sin más. Ése es el primer paso y el más importante. Contempla cuadros buenos. Escucha buena música. Si sientes el buen arte, desarrollarás y alimentarás tu mente.

Debes saber esto: Si empiezas a ver el arte desde un punto de vista académico o analítico, es muy probable que no entiendas lo que realmente es el arte. Dudo mucho que la gente que escucha el canto de un pájaro o mira un campo cuajado de flores lo analice.

Una gran obra de arte es aquella que te transporta. Cuando lo tienes delante, te sientes conmovido. No veas el arte a través de los ojos de otros. No escuches música con los oídos de otra persona. Reacciona ante una obra artística con tus propios sentimientos, con tu propio corazón y tu propia mente. Si te dejas influir por las opiniones de los demás ("Debe de estar bien, porque le gusta a todo el mundo", "Debe de estar mal, porque no le gusta a nadie"), tus sentimientos, tus sensibilidades, que son lo más importante de la experiencia artística, se atrofiarán y morirán.

Para disfrutar del arte plenamente debes abandonar todas las ideas preconcebidas. Ponte ante la obra directamente, con todo tu ser. Si te sientes profundamente emocionado, significa que, para ti, es una gran obra de arte.

Las grandes obras artísticas son universales. Están vivas, llenas de la gran fuerza vital y el alma de su creador.

El conocido escultor francés Auguste Rodin, que trabajó a finales del siglo XIX, dijo que, para los artistas, lo importante es "sentir, amar, esperar, temblar, vivir. Es ser, antes que un artista, un ser humano". Estos sentimientos humanos — ilusión, amor, ira, miedo — nos son comunicados a través de la obra del artista. Las vibraciones del alma del artista despiertan vibraciones similares en nuestros corazones. Ésta es la experiencia fundamental del arte. Es un sentimiento compartido que une al creador y al espectador, más allá de las fronteras del tiempo y el espacio.

Evidentemente, para apreciar plenamente algunas de las grandes obras de arte, necesitamos concentrarnos. Pero para disfrutar primero tenemos, sencillamente, que experimentar la obra. Con la música, por ejemplo, empezamos escuchando. Con la pintura, empezamos mirando. Con la literatura, empezamos leyendo. Me temo que hay demasiada gente que se preocupa tanto por analizar el arte que no lo ven realmente.

Probablemente, el mejor modo es ver u oír todas las obras que puedas, aquellas reconocidas como obras maestras en todo el mundo. De ese modo cultivarás y pulirás tu sensibilidad. Aprenderás a distinguir lo bueno de lo malo de un modo natural. Observar arte de segunda o tercera categoría no te ayudará a comprender el de primera categoría, pero te enseñará la diferencia.

Al final, surgirá tu ojo crítico. Por eso debes hacer un esfuerzo para experimentar lo mejor desde el principio.

Puedes ver arte en libros, por supuesto, pero verlo al natural es muy distinto. Es la diferencia que hay entre ver una fotografía de alguien y ver a la persona real.

El verdadero arte, la verdadera cultura, enriquece al individuo, fomenta la expresión personal y alegra a la gente, independientemente de su fama o su riqueza. El arte y la cultura originales animan el espíritu, enriquecen nuestras vidas y hacen que valga la pena vivirlas. Por lo tanto, sería maravilloso si pudieras encontrar tiempo para recibir

clases — tanto para apreciar como para crear arte —
porque pueden hacerte mejor como persona.

TRABAJO

5

- La elección de una carrera profesional

- Encontrar tu misión

- El talento

- El trabajo adecuado

- Cambiar de carrera profesional

- No trabajar

- Ganar dinero

- Trabajar por una causa

LA ELECCIÓN DE UNA CARRERA PROFESIONAL

No sé qué carrera seguir.

El poeta japonés Takuboku Ishikawa, que escribió a principios del siglo veinte, compuso este verso que grabé en mi diario cuando era joven:

Ojalá tuviera una vocación
para realizarla con alegría.
Una vez que la haya cumplido
desearé morir.

Está hablando de su misión, del trabajo para el que nació. Sin embargo, pocas personas tienen la suerte de saber cuál es su misión desde el principio. Muchas veces oigo decir a los estudiantes cosas como: "Mis padres quieren que sea médico, pero no sé si es lo que quiero hacer", o "Quería ser periodista, pero creo que no tengo lo que hace falta", o "Con las asignaturas que he estudiado, no tengo mucho donde elegir", o "No me atrae nada en especial, pero me gustaría ser famoso", o "Con las personas a las que voy conociendo, van cambiando mis ilusiones". Algunos también me han dicho: "A veces me da miedo porque no tengo ni idea de lo que quiero hacer el día de mañana". Bueno, la vida es larga. Es posible que no descubras el verdadero resultado de tu lucha diaria por encontrar tu misión hasta que tengas cuarenta, cincuenta o sesenta años. Así que lo importante es que busques algo, cualquier cosa, que te suponga un reto mientras eres joven. Considera tu juventud como una etapa para estudiar y formarte.

Cada persona tiene una misión o finalidad especial, que sólo cada persona puede cumplir. Pero eso no significa que tengas que quedarte quieto sin hacer nada, esperando a que la respuesta te llegue de repente o que alguien te lo diga.

Si te planteas retos, al final descubrirás tu misión tú solo.

Eres como una montaña que encierra una piedra preciosa.

Las piedras preciosas nacen bajo tierra. Si no se extraen, siguen enterradas. Y si no se pulen una vez desenterradas, siguen siempre brutas.

Sería una pena terminar tus días sin haber descubierto tu joya interior. Así que, cuando tus padres o profesores te dicen que estudies mucho, en realidad te están diciendo que puedes desenterrar la joya de tu vida y disfrutar haciendo que brille si te sumerges en un área que te interese.

La tenacidad es fundamental. No puedes hacer que brille la piedra preciosa que hay en ti si no te esfuerzas con entusiasmo.

Tienes derecho a decidir el tipo de trabajo al que te quieres dedicar; tienes las opciones abiertas. Ahora bien, muchos trabajos requieren un nivel de calificación académica y experiencia determinados. Algunos empiezan a trabajar en cuanto terminan la secundaria, por elección propia o por su situación familiar.

Otros entran en la vida laboral después de la escuela superior, y otros se dedican al hogar. Algunos quieren servir a la administración pública, y otros quieren dedicarse a algún ámbito técnico. Lo esencial es que hay muchas opciones, y tú eres libre de elegir la que quieras.

Si no puedes decidir el tipo de trabajo que te gustaría hacer, ¿por qué no empiezas con un trabajo que puedas conseguir fácilmente y que te resulte familiar? Así podrás adquirir experiencia práctica y descubrir donde te sientes pleno. De todas maneras, no te preocupes.

Conseguir un trabajo es sólo el punto de partida para descubrir tus verdaderas destrezas; no es en absoluto el final. No debes ser impaciente. Lo importante es subir la montaña a un ritmo uniforme, sin apresurarte ni abandonar.

Cuando decidas lo que quieres hacer en el futuro, sigue hacia adelante con determinación. No lo hagas con desgana. Si buscas algo con total decisión, no lo lamentarás aunque salga mal. Y si sale bien, puedes conseguir cosas absolutamente maravillosas. Ganes o pierdas, tus constantes esfuerzos te mostrarán el siguiente camino.

T
R
A
B
A
J
O

ENCONTRAR TU MISIÓN

¿Cómo puedo descubrir mi misión en la vida?

En primer lugar, quiero reiterar que no la encontrarás si te quedas quieto. Lo importante es que te propongas algo, cualquier cosa. Luego, con un esfuerzo constante, descubrirás la dirección que debes tomar de un modo natural. Por lo tanto, es importante que tengas el valor de preguntarte a ti mismo lo que deberías hacer ahora, en este mismo momento.

En otras palabras, la clave es escalar la montaña que tengas justo delante. Conforme subas sus pendientes, desarrollarás tus músculos, haciéndote más fuerte y resistente. Este adiestramiento te permitirá enfrentarte a montañas todavía más altas. Es fundamental seguir haciendo estos esfuerzos.

Escala la montaña que tengas delante. Cuando llegues a la cima, se abrirán ante ti horizontes más amplios.

Poco a poco, entenderás tu misión.

Quienes recuerdan que tienen una misión especial, son fuertes. Aunque tengan muchos y grandes problemas, nunca serán derrotados. Son capaces de transformar todos sus problemas en catalizadores para el crecimiento hacia un futuro lleno de esperanza.

En la vida debemos escalar una montaña, enfrentarnos a la siguiente, y luego otra. Los que perseveran y, al final, consiguen llegar a la cima más alta, son los ganadores en la vida. Por otra parte, quienes evitan estos retos y toman el camino fácil, bajando a los valles, terminarán derrotados. Resumiendo: tenemos dos opciones en la vida: podemos escalar la montaña que tenemos delante o bajar al valle.

EL TALENTO

Siento que soy del montón, que no tengo ninguna habilidad ni ningún talento especial.

Eso no es verdad. El problema está en que las personas se limitan a sí mismas. Todo el mundo tiene algún tipo de don. Tener talento no es sólo ser un buen músico, un buen escritor o un buen atleta. Hay muchos tipos de talento. Por ejemplo, puedes ser un gran conversador o tener facilidad para hacer amigos o hacer que los demás se sientan bien. O puede que tengas un don para cuidar niños, gracia para contar chistes, o se te dé bien vender cosas o ahorrar. Puede que seas siempre puntual, paciente, responsable, amable u optimista.

Puede que te encante tener retos nuevos o estés muy comprometido con la paz o con hacer felices a los demás.

Tal como enseñaba Nichiren, cada uno de nosotros es un cerezo en flor, un ciruelo en flor, un melocotonero en flor o un albaricoquero en flor.

Cada árbol en flor es maravilloso de un modo distinto, y cada uno florece de un modo que sólo él puede.

Cada persona tiene, sin duda alguna, un talento innato. La cuestión es: ¿cómo puedes descubrir ese talento? El único modo es probar hasta el límite todo lo que se te ponga delante.

Tu verdadero potencial surgirá cuando te entregues al máximo en tus estudios, deportes, actividades extraescolares y todo lo que te propongas.

Lo importante es que te acostumbres a desafiarte hasta el límite.

En cierto sentido, los resultados que obtengas no son tan importantes. Las notas que recibas en el colegio, por

**T
R
A
B
A
J
O**

ejemplo, no determinarán el resto de tu vida.

Pero el hábito de empujarte a ti mismo hasta el límite, al final, dará sus frutos. Te distinguirá de los demás con toda seguridad. Hará que brille tu talento especial.

EL TRABAJO ADECUADO

¿Qué debería buscar cuando intente encontrar el trabajo adecuado?

Tsunesaburo Makiguchi, el primer presidente de Soka Gakkai, enseñaba que hay tres tipos de valor: la belleza, el beneficio y el bien. En el mundo laboral, buscar un trabajo que te guste corresponde al valor de la belleza; encontrar un trabajo para ganar un sueldo con el que poder mantenerte día a día corresponde al valor del beneficio; y el valor del bien significa encontrar un trabajo que ayude a los demás y contribuya a mejorar la sociedad.

No hay mucha gente que encuentre el trabajo perfecto desde el principio. Algunos tienen un trabajo que les gusta, pero no les permite sobrevivir; o está bien pagado pero lo detestan. Así es como funcionan las cosas a veces. Algunos descubren que, sencillamente, no están hechos para la carrera con la que soñaban.

Mi mentor, Josei Toda, destacaba la importancia de hacerte primero indispensable dondequiera que vayas. En lugar de quejarte porque tu trabajo no te llena, conviértete en un profesional de primera en ese ámbito.

Así se te abrirá el camino para tu próxima fase en la vida, durante la cual deberás seguir esforzándote al máximo.

Estos continuos esfuerzos te garantizarán un trabajo que te guste, que puedas mantenerte, y que te permita contribuir de algún modo a la sociedad.

Luego, cuando mires hacia atrás más tarde, verás que todos tus esfuerzos previos se convertirán en valiosos puntos fuertes en el campo que tú elijas. Te darás cuenta de que ninguno de tus esfuerzos y dificultades ha sido en vano.

T
R
A
B
A
J
O

CAMBIAR DE CARRERA PROFESIONAL

¿Qué ocurre si empiezas siguiendo un sueño pero cambias de parecer y decides seguir un camino distinto?

Es perfectamente correcto. Pocas personas terminan haciendo lo que planearon o soñaron en un principio.

En mi caso, quería ser reportero, pero mi mala salud me impidió seguir esa profesión.

Sin embargo, me he convertido en escritor.

En un momento dado, trabajé para una pequeña editorial.

Como éramos pocos empleados, tuve que trabajar muy duro, pero así es como adquirí mucha experiencia práctica.

Después de la guerra, trabajé para otra empresa pequeña, pero lo que pasé en ese trabajo me dio la oportunidad de evaluarme a mí mismo. Todo lo que aprendí en aquel entonces me sirve para mi vida actual. Lo importante es desarrollarte en tu situación presente y tomar el control de tu crecimiento.

Una vez que te hayas decidido por un trabajo, espero no seas de los que tiran la toalla enseguida o se siente siempre inseguro o se queja constantemente. Ahora bien, si después de haberlo dado todo, decides que ese trabajo no es el adecuado para tí y cambias, también estará bien.

Conseguir tu lugar como miembro de la sociedad es un reto; es una lucha por la supervivencia. Pero dondequiera que estés, es exactamente donde tienes que estar, así que esfuérzate todo lo que puedas.

Un árbol no se hace fuerte y alto en uno o dos días. Del mismo modo, la gente con éxito no lo consiguió en pocos años. Esto es algo que puede aplicarse a todo.

NO TRABAJAR

Puestos a elegir, preferiría no tener que trabajar.

Hay quien ve el trabajo como una desagradable tarea que deben desempeñar para ganar dinero y poder realizar sus actividades de ocio. Pero según las palabras de un personaje de *The Lower Depths* (Las profundidades más hondas), de Máximo Gorky: "Cuando el trabajo es un placer, la vida es alegría. Cuando el trabajo es una obligación, la vida es esclavitud". Tu actitud ante el trabajo, incluso las tareas del colegio, que pueden llevarte la mayor parte del día, determina de un modo decisivo tu calidad de vida.

Un amigo mío, catedrático de filosofía David Norton, dijo una vez: Muchos estudiantes están atascados en la idea de que el único fin del trabajo es ganar dinero, que felicidad significa tener dinero para satisfacer tus deseos. Pero como estos deseos no tienen límite, nunca pueden sentirse satisfechos de verdad. La verdadera felicidad se encuentra en el propio trabajo. Mediante el trabajo, uno puede desarrollarse y complacerse, hacer surgir el valor especial que lleva dentro, y compartirlo con la sociedad.

El trabajo existe por el placer de crear valor.

Así es. El trabajo de una persona debería hacer felices a los demás. La vida es absolutamente maravillosa cuando alguien te necesita. Qué aburrida y vacía sería la vida si sólo por tener los medios, cada día no tuviéramos más que buscar diversiones vanas.

T
R
A
B
A
J
O

GANAR DINERO

¿Hasta qué punto debe preocuparme mi sueldo?

Especialmente los jóvenes, no deben preocuparse demasiado por el sueldo. Además de hacer lo mejor que puedas allí donde estés, vale más pensar "Haré más de lo que me piden". Así es como puedes formarte.

Aflojar el ritmo en el trabajo sólo porque el sueldo no sea generoso es absurdo. Recibir un sueldo (cualquier cosa que ganes trabajando honradamente) es un regalo, cualquiera que sea la cantidad.

Evidentemente, es agradable recibir un buen sueldo. Si ganas $100 trabajando y esforzándote mucho es un gran tesoro, pero robar esos mismos $100 o conseguirlos por otros medios ilícitos no tiene más valor que el estiércol o los escombros. El dinero robado o extorsionado es sucio. No te dará la felicidad. Como dice el refrán, "Lo que mal se gana, mal se gasta", Los dirigentes gubernamentales influyentes que, tras haber disfrutado un gran prestigio, se hayan dejado sobornar, deben ser tachados de delincuentes durante el resto de sus vidas.

Al final, la mayor felicidad la encontrarás aplicándote con seguridad y sensatez en el trabajo al que te dediques como un miembro ejemplar de la sociedad, trabajando duro para lograr una vida satisfactoria y el bienestar de tu familia. Quienes lo hacen son los que vencen en esta vida.

TRABAJAR POR UNA CAUSA

¿Trabajar por una buena causa es mejor que tener simplemente un trabajo?

Aspirar a dedicarse a una causa humana, a defender los derechos humanos y actuar siguiendo tu deseo de trabajar por la felicidad y el bienestar de los demás, es una ambición realmente loable.

Esto no significa de ninguna manera que no puedas contribuir a la paz y mejora de la sociedad a menos que trabajes en una profesión u organización especial. Elogio de corazón a quienes trabajan en obras de caridad o se convierten en trabajadores voluntarios, hay muchas personas que trabajan duro por la paz desde sus humildes especialidades.

He conocido a mucha gente así, como Rosa Parks, la madre del movimiento americano por los derechos civiles, que trabajaba como asistente de modista en unos grandes almacenes, cuando se convirtió en el catalizador del famoso boicot del autobús de Montgomery (Alabama) en 1955; y el escultor y arquitecto argentino Adolfo Pérez Esquivel, que ganó el Premio Nobel de la Paz por sus actividades para la protección de los derechos humanos.

Lo principal es estar orgulloso de tu trabajo, vivir fiel a ti mismo. Actividad es otra forma de decir la felicidad.

Lo importante es que des curso libre e ilimitado a tus talentos especiales, que vivas con todo el brillo de tu ser. Esto es estar verdaderamente vivo.

T
R
A
B
A
J
O

SUEÑOS 6 & METAS

- Los grandes sueños

- Aclararse las ideas

- Ser lo bastante inteligente

- Escuchar a tu corazón

- No tirar la toalla

- Fortalecer tu determinación

- La importancia del valor

- El valor y la misericordia

LOS GRANDES SUEÑOS

A veces parece imposible que se cumplan mis sueños.

E s comprensible. Mi mentor, Josei Toda, me dijo una vez: "Es perfectamente normal que los jóvenes acaricien sueños que puedan parecer demasiado grandes. Lo que podemos conseguir en la vida no es más que una parte de lo que nos gustaría conseguir. Así que si empiezas con expectativas demasiado bajas, al final puedes terminar sin haber conseguido nada". Evidentemente, si no haces ningún esfuerzo, tus sueños no pasarán de ser pura fantasía. El esfuerzo y el trabajo duro son el puente que conecta tus sueños con la realidad. Quienes se esfuerzan constantemente están llenos de ilusión. Y la ilusión, a su vez, surge de esfuerzos constantes. Sueña y avanza tan lejos como puedan llevarte tus sueños. Empieza ahora, que eres joven.

S
U
E
Ñ
O
S

&

M
E
T
A
S

ACLARARSE LAS IDEAS

No estoy seguro de lo que quiero hacer con mi vida. ¿Cómo puedo tenerlo claro?

Aunque es normal que no tengas claro tu futuro, es fundamental que trates de hacer algo, cualquier cosa.

Este pensamiento puede parecer demasiado evidente. Pero tal como dice el antiguo refrán: "Un viaje de mil millas empieza con un solo paso". El descubrimiento de nuestras metas y sueños empieza con el primer paso de decidir encontrarlos.

A partir de ahí, vamos paso a paso, en incrementos regulares mediante el esfuerzo diario. La estrella checa del atletismo Emil Zatopek, que ganó el maratón masculino de las Olimpiadas de 1952, encontró su entrenamiento tan insoportable por momentos, que se decía a sí mismo: "Voy a intentar llegar simplemente al próximo poste de teléfono". Luego, cuando lo alcanzaba, volvía a decirse: "Vale, voy a ir simplemente hasta el siguiente", y se esforzaba a llegar un poco más lejos.

Estos esfuerzos persistentes por seguir desafiándose a sí mismo fueron los que le llevaron a la victoria. La práctica del budismo supone automáticamente un progreso uniforme y diario. Cada mañana y cada noche, los practicantes del budismo de Nichiren renuevan su determinación invocando Nam-myojo-rengue-kyo. Entre sus muchos beneficios, nuestra invocación nos da una fuerza vital firme, permitiéndonos abordar todo cuanto la vida nos ponga delante, aunque nos hayamos sentido derrotados de antemano.

Así que ¡haz algo! ¡Empieza algo! Conforme hagas constantes esfuerzos empezarás a ver cómo tus metas se aclaran.

Descubrirás tu misión, la que sólo tú puedes cumplir.

Por ejemplo, es importante que desarrolles tus virtudes en los ámbitos que te gustan. Lo fundamental es tener algo de lo que puedas sentirte orgulloso, algo que estés deseando proponerte. Puede ser destacar en matemáticas, un idioma extranjero, un deporte, una actividad extracurricular, hacer amigos o trabajar como voluntario. La gente que te rodea puede conocerte mejor que tú en cierto modo, así que si reunes fuerzas para pedirles consejo, es posible que se te abran puertas a nuevas posibilidades de un modo inesperado.

Una persona con metas firmes tiene ventaja sobre otra que no las tenga. Marcarse objetivos es el punto de partida desde el que empiezas a construir tu vida. Aunque las metas cambien conforme avances, no son menos importantes. La juventud es el tiempo para esforzarse en desarrollarse y moldearse uno mismo, un reto incesante para formarse espiritual, intelectual y físicamente.

Es esencial para todo tener una base sólida. Ningún edificio puede sostenerse sin un cimiento. Lo mismo ocurre en la vida.

Y ahora es el momento de construir ese cimiento, durante tu juventud. Tal como apuntaba el escritor francés Romain Rolland, no puede construirse una pirámide de arriba hacia abajo.

SUEÑOS & METAS

SER LO BASTANTE
INTELIGENTE

¿Qué pasa si no soy lo bastante inteligente para hacer realidad mis sueños?

Se ha dicho que durante toda nuestra vida utilizamos, como mucho, solamente la mitad de las células de nuestro cerebro. Algunos eruditos mantienen incluso que utilizamos menos de un diez por ciento. Es decir, casi nadie utiliza el máximo potencial de su cerebro.

También he oído que el cerebro sigue creciendo hasta poco después de los veinte años. En este sentido, el grado en que desarrollemos nuestro intelecto antes de los veinte años influirá en gran medida en el resto de nuestras vidas, lo cual pone de manifiesto la importancia de nuestros años de adolescencia.

Evidentemente, todo tu futuro no depende de las notas que saques en el colegio. Ni las buenas notas garantizan automáticamente la felicidad, ni las malas notas, la infelicidad.

No debes infravalorarte, debes hacerte valer.

El potencial humano es algo curioso. Si te dices a ti mismo que no eres inteligente, tu cerebro se vuelve inactivo.

Al contrario, debes decirte convencido: "Mi cerebro está dormido porque apenas lo estoy utilizando. Así que si me esfuerzo, puedo hacer algo". Esto es cierto. Cuanto más utilices tu cerebro, más brillante te volverás.

ESCUCHAR A TU CORAZÓN

A veces me siento confuso entre lo que los demás quieren para mí y lo que yo quiero para mí mismo.

Muchas veces, los padres o amigos tratan, con la mejor intención, de convencerte de que te fijes un objetivo con el que no te sientes cómodo. Aunque es posible que lo hagan por ti — y es importante agradecérselo y tener en cuenta lo que dicen — debes escuchar a tu propio corazón.

Lo más importante es la medida en que puedas desarrollar tu potencial y contribuir a la felicidad de los demás. Para ello, debes forjar un firme sentimiento de identidad. Debes construirte tu base y hacerte fuerte. Puede que digas que quieres una familia feliz, pero la felicidad no te llega en bandeja. Serás feliz sólo en la medida en que desarrolles una base interior fuerte. Puede que digas que quieres ser una persona amable, pero para demostrar verdadera amabilidad hace falta ser fuerte.

Es importante saborear la alegría que se tiene al vivir con aspiraciones nuevas y en constante crecimiento conforme te esfuerzas por hacer realidad los sueños y metas que te has creado.

En otras palabras, nos convertimos en excelentes personas cuando perseguimos un objetivo que nos permita desarrollarnos plenamente y utilizar nuestra exclusividad.

Podemos llevar vidas satisfactorias cuando trabajamos por un objetivo importante. El líder político y espiritual Mahatma Gandhi es un excelente ejemplo. De niño, Gandhi era sumamente tímido. Era incapaz de dormir con la luz apagada, por miedo a ladrones, fantasmas y serpientes imaginarios.

SUEÑOS & METAS

Era introvertido, siempre preocupado por que los demás se rieran de él, lo pasó mal durante años y sufrió muchos contratiempos personales. Y sin embargo, como hemos sabido, Gandhi llegó a convertirse en el gran líder de la India nacionalista y el símbolo mundial de la conquista de la paz por medios no violentos.

NO TIRAR LA TOALLA

A veces, cuando me topo con tantos obstáculos, me cuesta mucho seguir adelante.

Tener grandes sueños puede hacer que los pequeños baches de la carretera no te hagan tambalear. Aunque sufras un contratiempo, si puedes mantener tus objetivos en perspectiva, ellos son los motivos para no darte por vencido. Sigue adelante, aunque a veces sientas que no puedes. ¿Qué es la derrota en la vida? No es sólo cometer un error, la derrota significa abandonar en mitad de la dificultad.

¿Cuál es el verdadero éxito en la vida? El verdadero éxito significa ganar tu batalla contigo mismo. Quienes persiguen sus sueños con insistencia, aunque encuentren obstáculos, son los que ganan, porque han superado sus propias debilidades.

Negarse a ponerse en pie significa darse por vencido. Los verdaderos vencedores son los que se levantan cuando se caen.

Mi amigo Orlando Cepeda era un famoso e importante jugador de la liga de béisbol, que jugaba sobre todo con los San Francisco Giants. En 1958, fue National League Rookie del año en la liga nacional, y en 1967, Jugador más valioso de la liga nacional. Consiguió una carrera de 379 cuadrangulares y fue elegido para jugar en torneos "all-star" en once ocasiones. Era uno de los bateadores más temidos en las principales ligas de los años sesenta. Todo el mundo pensaba que se ganaría fácilmente un puesto en la galería de las estrellas del deporte (Hall of Fame). Pero después de retirarse del béisbol, las cosas dieron un giro a peor. Fue detenido por posesión de drogas.

S
U
E
Ñ
O
S

&

M
E
T
A
S

No se puede entrar en la galería de las estrellas del deporte sólo por tener un historial excelente en béisbol. Durante el proceso de nominación y elección también se examina tu integridad como ser humano. Después de que Orlando fuera detenido, la junta de selección para esta galería le ignoró totalmente.

En 1982, un amigo le dio a conocer la práctica del budismo de Nichiren. En su vida surgió un nuevo reto, ya que aprendió a no cejar nunca en su empeño de conseguir sus sueños. Se dedicó, no sólo a cambiar su propia vida a mejor, sino también a ayudar a los jóvenes a empezar sus vidas de un modo sano. Nunca perdió su preciado deseo de entrar en la galería de las estrellas del deporte, pero por una razón distinta de la anterior. Quería entrar en ella como ejemplo para animar a los demás a mejorar sus vidas. Orlando hizo muchos amigos y desarrolló una carrera con los Giants como una especie de embajador voluntario, animando sobre todo a muchos jugadores jóvenes de ascendencia latina. Sus esfuerzos incesantes por mejorar su vida fueron reconocidos por el comité de veteranos de la galería de las estrellas de la fama, un grupo formado esencialmente por redactores deportivos, jugadores y directivos de equipos, y en 1999 entró triunfalmente en la galería.

NO TIRAR LA TOALLA

¿Qué puedo decirles a aquellos de mis amigos que tiran la toalla cuando se enfrentan a un problema?

En primer lugar, puedes animarles diciéndoles que si saben cuál es el problema, lo tienen mucho más fácil para solucionarlo. La gente suele carecer de fuerza de voluntad. Es humano tomar el camino del mínimo esfuerzo. Una técnica que puedes sugerir a quienes les falta fuerza de voluntad o motivación es que se centren en una tarea cada vez — puede ser muy fácil — y que sigan con ella hasta que estén totalmente satisfechos de haber hecho todo lo que podían.

El primer paso lleva al siguiente.

La vida es una lucha interminable contra nosotros mismos. Es un tira y afloja entre avanzar y retroceder, entre la felicidad y la infelicidad. Las personalidades destacadas no se hicieron grandes de la noche a la mañana. Se disciplinaron para superar sus debilidades, conquistar su falta de preocupación y motivación hasta que se convirtieron en auténticos vencedores de la vida. Una de las razones por las que los budistas invocan Nam-myojo-rengue-kyo cada día es para desarrollar una fuerte voluntad y disciplina, además de la capacidad para abordar cualquier problema con seriedad y con la determinación de superarlo.

FORTALECER TU DETERMINACIÓN

Siento que mi determinación y mi voluntad de trabajar duro están debilitándose.

Cualquier persona que haya tomado una resolución descubre que la fuerza de dicha determinación se borra con el tiempo.

Cuando sientas que tu determinación se desvanece, toma una nueva determinación. Dite a ti mismo: "¡Vale, voy a volver a empezar ahora mismo!" Si caes siete veces, levántate e inténtalo por octava vez. No abandones cuando te sientas desanimado, levántate y renueva tu determinación cada vez.

Nuestra resolución puede tambalearse a veces, pero lo importante es no desanimarse y tirar la toalla cuando esto ocurra. Si nos damos cuenta de que nos hemos vuelto vagos, es una prueba de que estamos creciendo.

LA IMPORTANCIA DEL VALOR

A veces me da miedo perseguir lo que quiero.

El valor es muy importante. El tener o no valor tiene una influencia decisiva en el rumbo que tomen nuestras vidas. La gente valiente es feliz.

Hablar con un amigo que crees que ha cometido un fallo, ayudar a alguien que necesita ayuda, e incluso hacer preguntas en clase: todo esto pueden parecer cuestiones nimias, pero son muy importantes.

Las pequeñas cosas cuentan. Lo que puede parecer un simple acto de valor sigue siendo valor. Lo importante es querer dar un paso adelante.

Los jóvenes tienen problemas, igual que los adultos. Mientras estemos vivos, nos enfrentaremos a todo tipo de problemas. Pase lo que pase, tenemos que vivir con valor y seguir adelante, con la vista puesta siempre en el futuro. Nadie puede abstraerse de las realidades de la vida diaria. La vida y el mundo en que vivimos son como un mar enfurecido; tenemos que abrirnos camino a través de él, zarandeados por todo tipo de experiencias. Esto forma parte de nuestro destino humano ineludible.

Todos nosotros tenemos nuestras esperanzas y nuestros sueños, nuestro propio camino en la vida, nuestros propios ideales y alegrías, nuestros propios sufrimientos, dolores y penas. Por muy maravillosos que sean nuestros sueños, por muy nobles que sean nuestros ideales, por muy altas que sean nuestras esperanzas, al final necesitamos valor para hacerlos realidad ante sufrimientos y escollos. Pase lo que pase, tenemos que seguir con la vida y seguir trabajando por nuestros ideales y sueños. Nuestras mayores ideas o planes,

S
U
E
Ñ
O
S

&

M
E
T
A
S

nuestra compasión ilimitada por los demás, todo esto se quedará en nada a menos que tengamos valor para ponerlos en acción. Sin acción es como si nunca hubieran existido.

Los valientes tienen fuerza para ir subiendo posiciones, atravesando tranquilamente los altibajos de la vida y avanzando sin cesar hacia la cima de los objetivos y sueños que han elegido.

El valor es una poderosa virtud. Quienes no lo tienen se apartan del camino correcto y sucumben ante la apatía, la negatividad y los caminos destructivos. Se alejan de las dificultades, tratando de vivir vidas fáciles y cómodas.

Por lo tanto, quienes carecen de valor no pueden dedicarse a la felicidad de los demás, ni pueden mejorarse a sí mismos ni conseguir nada importante o duradero. Es como si su motor se hubiera estropeado.

El poeta alemán Goethe declaró que la pérdida de las posesiones y la reputación es insignificante porque siempre puedes decidirte a recuperarlas, mientras que la pérdida de valor es la pérdida de todo. En un poema titulado "Zahme Xenien [VIII]", escribe: Si pierdes las posesiones, pierdes poco. Piensa en lo que necesitas y compra otras nuevas.

Si pierdes el honor, pierdes mucho. Gánate una buena reputación y la gente cambiará de opinión.

Si pierdes el valor, lo pierdes todo. Sería mejor no haber nacido. Si reúnes todo el valor para conseguir algo, nunca lo lamentarás. Qué triste sería pasarse la vida pensando: "Ojalá tuviera un poco más de valor".

Cualquiera que sea el resultado, lo fundamental es dar un paso adelante en el camino que para ti sea correcto. No hay que preocuparse por lo que piensen los demás. Al fin y al cabo, es tu vida.

Sé fiel a ti mismo.

El filósofo y poeta alemán del siglo XVIII, Friedrich

Schiller dijo: "Los que son fuertes cuando están solos poseen la verdadera valentía". He atesorado estas palabras desde que era joven.

Es un error seguir ciegamente a la multitud. Perseguir algo sin verdadera convencimiento, sólo porque todo el mundo lo hace, conduce a la pereza mental y la apatía. Y eso es peligroso.

No debemos perdernos. Nunca debemos abandonar nuestro compromiso con la paz, nuestro deseo de aprender y nuestro amor por la humanidad. Poner estos ideales en práctica y transmitirlos a los demás es un acto de valor. El valor está dentro de nosotros. Tenemos que sacarlo de lo más profundo de nuestras vidas.

S
U
E
Ñ
O
S

&

M
E
T
A
S

EL VALOR Y LA MISERICORDIA

¿Qué es exactamente el valor?

Podemos encontrar valor en muchos aspectos del esfuerzo humano, como el valor para participar en una aventura o el valor para sobresalir en el deporte, pero éste es sólo un aspecto del valor. Realizar proezas temerarias o ser un pleitista es un valor que no tiene nada que ver con el valor del que hablamos. Un espectáculo de agresiones puede parecer valor, pero no tiene ningún fundamento moral. La violencia física carece de la inteligencia, la consideración por los demás y el espíritu de cooperación que son esenciales para todos los seres humanos. Es completamente distinto de lo que deberían buscar los seres humanos.

El valor es la fuerza de vivir nuestras vidas del modo correcto, de caminar por el sendero correcto. Puede tomar muchas formas, por ejemplo, pensando el mejor modo de conseguir la paz para tu país y para el mundo, y luego actuar para que ello ocurra. Ese es el valor que nace de la convicción. O pensar qué puedes hacer para que los demás sean felices, y luego trabajar de un modo constructivo para conseguirlo. Ese es el valor del amor por la humanidad. Como padre o como profesor de colegio, por ejemplo, el valor es descubrir lo que puedes hacer por los niños a los que cuidas y hacerlo. O pensar cómo puedes ayudar y apoyar a tus amigos y hacerlo: ése es el valor no pretencioso de la vida diaria.

El tipo de valor más importante es el que hace falta para vivir una buena vida cada día. Por ejemplo, el valor para estudiar duro o para formar y mantener una buena y sólida amistad: este tipo de valor que puede llamarse incluso perseverancia, una virtud que orienta nuestras vidas en una dirección positiva. Este tipo de valor puede no ser llamativo, pero es, sin duda, el más importante.

La gente que está en el centro de atención, la gente que parece estar siempre haciendo cosas grandes e importantes, no siempre tiene valor. Y es evidente que la guerra y la opresión no son actos de valor sino de cobardía.

Quienes no tienen valor son los que roban, oprimen, matan y mutilan, que amenazan a los demás con armas, que hacen la guerra. La gente hace estas cosas terribles porque son cobardes. La cobardía es peligrosa. El verdadero valor es realizar actividades justas y beneficiosas; significa vivir honradamente. Éste es el tipo más valioso de valor.

Básicamente, el valor es una cuestión de perseverancia. El deseo de una madre de educar a sus hijos para que se conviertan en adultos dignos, aunque tenga que trabajar muy duro, es una forma muy noble de valor. La otra cara del valor es la compasión.

Son las dos caras de una misma moneda. El valor verdadero siempre está respaldado por la compasión; no hay nada horrible ni malévolo tras él. Si hay alguna mala intención, puedes estar seguro de que no es verdadero valor. El sentimiento de la madre por sus hijos es el ejemplo perfecto del valor y la compasión.

Y, de hecho, si actuamos con valor, descubrimos que nuestra compasión por los demás crece en realidad mucho más adentro. El valor es la máxima virtud por la que podemos luchar.

SUEÑOS & METAS

SEGURIDAD

7

- Mantener la ilusión

- El auténtico potencial

- Hacer frente a los problemas

- Sacar lo mejor de ti mismo

- Naturaleza y educación

- Cambiar tu karma

- Ver más allá de los fallos

- Soportar la crítica

- La timidez

- La inhibición

- Ver a los demás de un modo positivo

MANTENER LA ILUSIÓN

A veces me siento desesperanzado y pesimista. ¿Qué puedo hacer para tener más confianza en mí mismo?

Primero, debes entender que ¡la vida es larga! Las cosas no serán para siempre como son ahora. Aunque tengas problemas, aunque hayas cometido fallos o hayas hecho cosas que lamentas, tienes todo tu futuro por delante. No te preocupes constantemente por cada obstáculo o problema. Sobre todo, no te desesperes ni dejes que te venza la impaciencia. No hay nada imposible. El peor error que puedes cometer mientras eres joven es abandonar un sueño, y no desafiarte por miedo al fracaso. El pasado es el pasado y el futuro es el futuro. Sigue adelante sin perder de vista lo que tienes en mente, diciéndote a ti mismo: "¡Hoy mismo empiezo!" "¡Ahora voy a empezar desde el principio!" Este espíritu (empezar desde el momento presente) es la base de la filosofía budista.

El ser feliz en la vida no depende de cómo te vayan de bien las cosas durante tu juventud, siempre te queda otra oportunidad. Sé ambicioso y sigue esforzándote por el futuro. Si no estás satisfecho con tus resultados de la secundaria, entrégate a fondo en la escuela superior.

Si no te satisface, todavía tienes una esperanza después de graduarte, cuando te propongas ser un miembro activo de la sociedad. El verdadero éxito en la vida no aparece de verdad hasta que llegamos a los cuarenta o cincuenta años. Si recibes reveses a lo largo del camino, mantén un espíritu luchador a lo largo de los cuarenta, cincuenta, sesenta y setenta años.

Mi experiencia, después de más de setenta años de vida, me ha enseñado a reconocer claramente los modelos

S
E
G
U
R
I
D
A
D

humanos que determinan la victoria o la derrota. Muchas de las personas más famosas de la historia no sobresalían durante su juventud. Winston Churchill era muy conocido por sus fracasos escolares. Mahatma Gandhi no era tampoco un estudiante destacado; era tímido, introvertido y poco hablador.

Así que no seas demasiado exigente contigo mismo. Todavía eres joven, una obra en plena creación que sigue desarrollándose. Crecer y mejorar es maravilloso. Sigue adelante con tenacidad para encontrar tu camino a pesar del sufrimiento y el dolor que forman parte de la juventud y el crecimiento. De hecho, es el único modo de crecer.

Es importante no perder la ilusión. Si la pierdes es, en cierto modo, como si vivieras en el invierno del alma. El poeta romántico inglés Shelley dijo: "Si llega el invierno, ¿puede estar muy lejos la primavera?" Aunque el invierno sea largo y amargo, luego siempre viene la primavera. Ésta es la ley del universo, la ley de la vida.

A nosotros nos sucede lo mismo. Aunque parezca que estemos sufriendo un invierno interminable, no debemos abandonar la esperanza. Mientras tengamos esperanza, la primavera estará cerca. Vendrá con toda seguridad. La primavera es el tiempo de la floración. El budismo enseña que todas las cosas tienen una belleza inigualable y se nos muestran de un modo especial.

Cada persona tiene una misión singular, su individualidad y su modo de vivir. Lo importante es reconocer esa verdad y respetarla. Ése es el orden natural de las cosas. Así es cómo funciona en el mundo de las flores, y en el mundo de los seres humanos, que son como distintos tipos de flores que florecen armoniosamente en una bella profusión.

EL AUTÉNTICO POTENCIAL

Muchas veces termino comparándome con los demás y me siento desanimado.

Sí, los jóvenes caen muchas veces en esta costumbre. Pero no puedo decir esto demasiado fuerte: No te compares con los demás. Sé fiel a la persona que eres y sigue aprendiendo con todas tus fuerzas. Aunque te ridiculicen, aunque sufras decepciones y contratiempos, sigue avanzando y no te dejes derrotar. Cuando tengas esta firme determinación en tu corazón, te quedará ya mucho menos para llegar a la victoria. En lugar de comparar cada una de tus alegrías y tus penas con las de los demás, trata de superar tus límites en tu situación actual. Los que pueden cumplir esto a lo largo de la vida son los verdaderos vencedores, los auténticos sabios. Cuando te aferras a tus convicciones y vives fiel a ti mismo, tu valor real como ser humano brilla.

El budismo enseña el concepto de "hacer realidad tu potencial innato", que hace referencia a tu individualidad más perfeccionada. En otras palabras, significa que manifiestes tu verdadera naturaleza y la saques adelante para iluminarlo todo a tu alrededor.

S E G U R I D A D

HACER FRENTE A
LOS PROBLEMAS

Cuando tengo problemas, a veces la solución más fácil parece ser escapar.

Evidentemente, puedes escapar. Tienes esa libertad. Pero es una libertad muy pequeña e insignificante. Sólo conduce a una vida muy dura, a una vida en la que carecerás de energía, serás débil y estarás totalmente frustrado.

Junto a esta pequeña libertad, sin embargo, existe una libertad mucho mayor. El novelista japonés Eiji Yoshikawa escribe: "El gran carácter se forja mediante las dificultades". Sólo puedes construir una identidad que brille tanto como una piedra preciosa si te vas puliendo a base de afrontar una dificultad tras otra. Cuando hayas desarrollado ese estado vital, nada te alterará.

Serás libre. Serás victorioso. Hasta te resultarán entretenidas las durezas.

Atreverse a aceptar retos difíciles constituye de por sí una inmensa libertad.

La libertad es relativa. Puedes escapar del trabajo arduo y el esfuerzo, declarándote un espíritu libre, pero no puedes escapar de ti mismo, de tus propias debilidades, de tu personalidad ni de tu destino. Sería como tratar de escapar de tu propia sombra. Es aún más imposible escapar de los sufrimientos del envejecimiento, de la enfermedad y de la muerte innatos a la condición humana. Cuando más trates de evitar los momentos duros, más insistentemente te surgirán, como si fueran perros implacables que te persiguen pisándote los tobillos. Por eso es tan importante darse la vuelta y afrontar los problemas de cara. Es imposible tenerlo todo siempre a favor. De hecho, si no fuera por los muchos obstáculos que nos presenta la vida, seguramente no apreciaríamos la libertad. La primavera de tu juventud está hecha para vivirla mirando hacia el sol. Como es una estación de crecimiento, la juventud es un momento de mucha alegría y mucho sufrimiento. Está llena de problemas y preocupaciones de todo tipo. Pero en lugar de escapar de ellos, la clave está en seguir mirando al sol, en seguir avanzando en la dirección de su luz, desafiar al dolor y la agonía, que son parte del crecimiento.

Nunca dejes la vía libre a la derrota. Para que brote una semilla, debe ejercer una fuerza tremenda para romper su duro recubrimiento exterior.

Después, ese brote debe empujar valientemente a través de una gruesa capa de tierra para llegar al cielo azul.

Los momentos duros que atravieses ahora contribuirán a tu crecimiento. Por lo tanto, lo importante es seguir adelante con fuerza por muy duro o penoso que se vuelva el camino.

La juventud es el tiempo en que debe desarrollarse un espíritu persistente. Y los que siguen luchando para mejorar siguen jóvenes a cualquier edad. En cambio, quienes no lo consiguen, aunque sigan siendo jóvenes durante años, serán mayores y débiles de espíritu.

La vida es una batalla por ganar la libertad ilimitada al final.

El budismo enseña el concepto de utilizar nuestras inclinaciones negativas y nuestros sufrimientos como trampolines hacia la felicidad, para forjar en nuestras vidas un estado de libertad inigualable.

SEGURIDAD

SACAR LO MEJOR
DE TI MISMO

No me gusta mi personalidad. ¿Puedo cambiarla?

Mucha gente cree que la personalidad viene dada por el destino o por herencia, y que no podemos hacer nada por evitarlo.

La cuestión es que casi todo el mundo detesta algún aspecto de su personalidad. Pero tienes que darte cuenta de que si sólo te preocupas por tus problemas, no cambiarás nada. Cuando eres consciente de tus defectos, puedes empezar a controlarlos y cambiar tu comportamiento.

Las personalidades de la gente son muy variadas. Existe un vocabulario amplísimo para describir las personalidades y los rasgos de carácter.

Se dice que en inglés hay hasta dieciocho mil sustantivos y adjetivos que describen el carácter.

Ninguna personalidad es perfecta. Todos, sin excepción, tenemos rasgos que hacen que no seamos ni mucho menos perfectos.

Es inevitable que no te guste algún aspecto de tu personalidad. Pero es absurdo obsesionarse con esas cosas y sucumbir ante sentimientos de odio e indignidad hacia uno mismo.

Lo único que harás es perjudicar tu crecimiento.

La introversión no incapacita a nadie, del mismo modo que el malhumor no hace a nadie inútil. Por ejemplo, la timidez de una persona puede transformarse en virtudes útiles como la prudencia y la discreción, mientras que la impaciencia puede transformarse en una habilidad para hacer las cosas rápida y eficazmente. Deberíamos vivir de un modo fiel a nosotros mismos. Este es un objetivo fundamental del budismo. Así que, aunque nuestra personalidad básica sea difícil de cambiar, podemos sacar sus rasgos positivos.

Tu personalidad es como un río. En determinados puntos, las orillas del río están mucho más estancadas. Del mismo modo, la identidad de una persona no cambia mucho. Pero la calidad de agua del río puede cambiar. Puede ser poco o muy profunda, estar limpia o contaminada, tener muchos peces o ninguno. Aunque nuestro río no pueda convertirse en un tipo de río totalmente distinto, si trabajamos duro lo purificamos para que pueda haber muchos peces nadando en él.

Nuestra personalidad no determina nuestra felicidad o infelicidad. Al contrario, lo que decidirá nuestra felicidad es la sustancia de nuestras vidas y el modo en que hayamos vivido. La finalidad del budismo y la educación, así como nuestros esfuerzos por mejorar y crecer, es perfeccionar esa sustancia.

Eso es la vida. Cuando los budistas invocan Nam-myojo-rengue-kyo cada día, uno de los resultados es que limpian sus vidas de negatividad e impurezas, haciendo que todo siga la dirección de la felicidad.

Un río tiene meandros pero nunca se detiene. Así es como son las cosas por naturaleza. Del mismo modo, si te esfuerzas continuamente, tu personalidad mejorará lenta pero constantemente. La clave está en seguir adelante sin detenerse.

Todos los ríos, a pesar de sus diferencias, fluyen sin cesar a un ritmo constante hacia el mar. Si nosotros continuamos también realizando esfuerzos persistentes, al final alcanzaremos el gran océano de la felicidad para nosotros mismos y para los demás. Saborearemos una libertad ilimitada y materializaremos nuestro propio potencial mientras celebremos y fomentemos la individualidad de los demás. Lo importante es hacer todo lo que esté en tu mano. Te sorprenderás más que nadie de todo lo que puedes conseguir. ¡Posees un potencial sumamente ilimitado!

NATURALEZA Y EDUCACIÓN

¿**Nuestra forma de ser es determinada por nuestros genes, nuestro entorno o por ambos?**

Imagina que hay un poco de cada cosa. Y, por supuesto, se han realizado muchos estudios sobre el tema. Sin embargo, somos fundamentalmente los arquitectos de nuestras propias vidas. Lo importante es saber que somos los arquitectos del resto de nuestra vida. La palabra carácter procede del griego "charakter", que significa grabar o imprimir. Desde un punto de vista científico, la personalidad y la constitución física pueden ser obtenidos en cierto modo por los genes. Pero con sólo saber eso no cambiaríamos nada. Lo importante es lo que hacemos para mejorar. El budismo destaca la importancia del presente y el futuro. Esto es lo que importa. Por eso es tan importante lo que hacemos ahora. Proponernos metas a partir de ahora: eso es el budismo.

Además, los psicólogos ven la personalidad de distintas maneras.

Existe una teoría que explica la personalidad como círculos concéntricos. En el centro está nuestra naturaleza más básica. Alrededor, está la personalidad básica formada durante la infancia por los hábitos y costumbres. Alrededor de ese círculo está la parte que formamos para hacer frente a diversas circunstancias. Aunque nuestra personalidad central puede seguir inmutable, los demás aspectos pueden cambiar tanto a veces, que la gente que nos rodea puede llegar a comentar que parecemos una persona totalmente distinta. En todo caso, debemos ser fieles a nosotros mismos.

Debemos seguir nuestro camino y hacer todo lo que podamos para contribuir a la sociedad. La educación nos equipa con lo que necesitamos para ello.

CAMBIAR TU KARMA

¿Qué significa cambiar el karma? ¿No está todo prede-
terminado?

El budismo, que se basa en la ley de causa y efecto,
destaca el concepto del karma. Este principio explica
que, en cada momento, la vida está sujeta a efectos acumu-
lativos de causas que tuvieron lugar en el pasado. Lo que
hacemos, lo que decimos y lo que pensamos son todo
causas. Y, según el budismo, en el momento en que hacemos
algo, decimos algo o pensamos algo, en lo más profundo de
nuestro ser se produce un efecto. Luego, cuando nuestras
vidas se encuentran con las circunstancias adecuadas, el
efecto sale a la luz. Los rasgos de la personalidad están
firmemente vinculados con nuestro karma. Lo bueno es que,
a diferencia del destino, nuestro karma puede cambiar por
las causas que creamos de ahora en adelante. De hecho, la
práctica del budismo es una práctica para cambiar constantemente nuestro karma.

Practiquemos o no el budismo, podemos mejorar considerablemente nuestra situación actual tomando una firme
determinación de dar lugar a mejores causas desde ahora.
No debemos desesperarnos, ya que todas las buenas causas
provocarán, a lo largo de tiempo, una mejora sustancial en
nuestras circunstancias.

SEGURIDAD

VER MÁS ALLÁ DE LOS FALLOS

¿Cómo puedo centrarme en mis puntos positivos y no en mis fallos?

La gente que es crítica consigo misma suele preocuparse mucho por esto: es un síntoma de carácter sincero y encomiable.

Es difícil verse a uno mismo con objetividad. Pero recuerda que nadie tiene sólo fallos ni sólo virtudes. Todos somos una mezcla de ambos. Por lo tanto, debemos esforzarnos en desarrollar y pulir nuestros rasgos positivos. Cuando lo hagamos, los contratiempos se desvanecerán hasta que ya no se adviertan.

Tal vez puedas pedirle a alguien que te conoce bien, un amigo, un padre o un hermano, qué puntos fuertes cree que tienes y puedes desarrollar. Estoy seguro de que mencionarán muchas virtudes admirables. Asimismo, si alguien de confianza te muestra tus defectos, en lugar de ofenderte o enfadarte, te conviene por tu bien escuchar tranquila y objetivamente lo que tiene que decirte y esforzarte por tomarlo como una crítica constructiva. Una vez que hayas conseguido tu lugar en la sociedad, no habrá mucha gente que sea tan sincera contigo como ellos.

SOPORTAR LA CRÍTICA

Me cuesta dejar de pensar en lo que me enfada, especialmente cuando me siento criticado o humillado.

La sensibilidad es un rasgo de personalidad. No es en sí ni buena ni mala. Pero si tienes ese rasgo, puedes convertirlo en una ventaja.

Por ejemplo, si un amigo te critica, puedes hacerlo positivo pensando mucho en lo que te han dicho para corregir un posible defecto.

Sin embargo, seguramente, no debes preocuparte por lo que te hayan dicho. Si te sientes herido, tómate un momento para felicitarte o tener la capacidad para ser humilde y reflexionar sobre ti mismo.

La gente indiferente suele carecer de perspectivas de mejorar.

Mi mentor, Josei Toda, me enseñó, demostrándome que el mejor modo de no perder la seguridad o caer en una desilusión innecesaria ante la crítica es aprender a escuchar. En lugar de ponerse a la defensiva o pensar inmediatamente que no tienes esperanza, decide estimularte para crecer más personalmente. Escucha activamente lo que dicen para encontrar una pepita de oro positiva.

Dicho esto, después de filtrar la crítica para encontrar el valor que pueda tener, es muy importante que decidas no inquietarte ni esconderte en tu caparazón.

S E G U R I D A D

LA TIMIDEZ

Soy demasiado tímido para hablar con los demás, y no me gusta forzarme.

Si no eres conversador, ¿no crees que podrías convertirte en un excelente oyente? Puedes decir a los demás: "Háblame de ti. Quiero oírlo todo sobre ti". Si tratas de hacer que la gente piense que eres lo que en realidad no eres, hablar puede ser una auténtica tortura. Está bien cómo eres.

Deja que la gente te conozca como eres de verdad, con todos tus defectos.

Algunas personas divagan sin sentido y sin decir nada. Es muy posible que una persona de pocas palabras diga cosas mucho más profundas que una que sólo habla para oírse a sí misma. Alguien que actúa rápido y eficazmente es mucho más digno de confianza que alguien que no hace más que hablar.

Es mucho más importante tener una riqueza interior que ser callado o conversador. Una bonita sonrisa o un pequeño gesto inconsciente de una persona con un gran corazón, aunque sea callada, dice mucho más que cualquier palabra. Y, muchas veces, esas personas hablan con autoridad y seguridad en un momento crítico.

En el budismo, decimos que la voz hace el trabajo de Buda.

Básicamente, esto hace referencia a la invocación de Nam-myojo-rengue-kyo.

Lo invocamos para ser felices. Pero también para que los demás lo sean. Así podemos acercarlos desde un lugar de misericordia. Y así desarrollamos naturalmente la capacidad para decir libremente y con seguridad lo que queremos decir.

LA INHIBICIÓN

Soy inhibido y me siento intimidado con facilidad y, a menudo, me preocupa lo que los demás piensan de mí.

La timidez y la inhibición son síntomas de un carácter amable y sensible. Es posible que hayas oído hablar de Eleanor Roosevelt, una de las mujeres más respetadas de la historia de Estados Unidos. En su libro *You Learn by Living* (Se aprende viviendo), escribe: "Si miro hacia atrás, veo lo sumamente tímida y reservada que era de niña. Cuando dejaba que la timidez me dominase me quedaba medio paralizada". Mediante la autodisciplina, la Sra. Roosevelt superó su problema. Al igual que la mayoría de la gente tímida, estaba llena de miedos sobre sí misma, así que puso todo su empeño en romper estas cadenas. Desafiándose constantemente a sí misma, la Sra. Roosevelt fue ganando confianza poco a poco. ¿Qué medidas concretas tomó? Las mismas medidas que te ayudarán hoy a ti.

Dejó de preocuparse por causar una buena impresión, dejó de obsesionarse con lo que los demás pensasen de ella.

En cambio, empezó a preocuparse por el bienestar de los demás, y además persiguió incondicionalmente sus intereses. Al hacerlo, aprendió que la gente no presta demasiada atención a lo que hacen los demás y que la gran cantidad de atención que nos prestamos a nosotros mismos es en realidad nuestro mayor enemigo. Al darse cuenta de esto, disminuyó su inhibición.

En tercer lugar, fomentó su sentido de la aventura y el deseo de experimentar la vida. Mantuvo un deseo vital de descubrir lo que la vida podía ofrecer.

Lo importante es dar el primer paso. Al superar con

SEGURIDAD

valor un pequeño miedo, nos armamos de valor para enfrentarnos al siguiente.

Fíjate metas. Sean grandes o pequeñas, haz siempre todo lo posible por alcanzarlas. Dedícate a fondo y comprométete a conseguir tus objetivos; si te los tomas a la ligera no llegarás a ninguna parte. Un espíritu diligente y dedicado brilla como un diamante y conmueve los corazones de la gente. Eso es porque tiene una llama brillante ardiendo dentro.

No tiene ningún sentido quedarse ensimismado por la apariencia exterior.

Si somos sinceros, la gente comprenderá nuestras intenciones, y nuestras virtudes positivas brillarán.

Se trata de tomar acción. Si tu objetivo es atravesar a nado un gran océano, no te hará ningún bien sentir miedo antes de zambullirte. Es mejor, sin embargo, tomar acción, sin perder de vista tus metas a largo plazo. Las retrospectivas pueden ser útiles, pero es autodestructivo pensar en el propio fracaso incluso antes de intentarlo.

El poeta alemán Goethe escribió: "¿Cómo puede uno llegar a conocerse? Nunca mediante la contemplación, sino mediante la acción". Trata de cumplir tu deber, y sabrás enseguida cómo eres.

VER A LOS DEMÁS DE UN MODO POSITIVO

La mayoría de mis compañeros de colegio y los adultos que conozco parecen tontos.

Es mucho más útil fijarse en las virtudes de los demás: no se gana nada criticando las imperfecciones de la gente.

De hecho, ayuda echar marcha atrás, un momento cada día, y tratar de considerar los sentimientos y virtudes de aquellos con los que eres crítico. En el budismo, se nos alienta a invocar por la felicidad de aquellos que, por cualquier razón, nos desagradan, nos enfadan e incluso nos hacen daño. Muchas veces no resulta fácil. Pero al final, inevitablemente, conseguimos ver la mejor parte de mucha gente.

Ya que mientras avanzamos y seguimos creciendo, no podemos evitar los problemas y las luchas interiores. Quienes practican el budismo saben que no podemos cambiar nuestras circunstancias ni nuestro entorno, incluida la gente que nos rodea, sin cambiar nosotros mismos. Si seguimos retándonos sin darnos por vencidos, sin duda, cultivaremos la tolerancia y la apertura de mente, y eso nos hará sentirnos felices.

S
E
G
U
R
I
D
A
D

MISERICORDIA 8

- La preocupación por los demás

- La verdadera amabilidad

- Ayudar con valor

- Demostrar tu preocupación

- Endulzar la vida de la gente

- Hacer frente a la insensibilidad

- Detener la agresión

- Afrontar la violencia

- La violencia contra las mujeres

LA PREOCUPACIÓN
POR LOS DEMÁS

Hoy en día la gente parece comportarse de un modo muy mezquino con los demás. Tengo la sensación de que muchos de mis amigos no se preocupan por el bienestar de otros.

El modo en que la gente trata con los demás, especialmente quienes están en una posición menos afortunada, dice mucho sobre su carácter. Un solo momento de consideración puede dejar una huella indeleble.

Cuando tenía unos doce años, repartía periódicos. Quería hacer todo lo que pudiera para ayudar a mi familia, ya que mis hermanos se habían ido a luchar en la Segunda Guerra Mundial. Mi familia se dedicaba a comercializar algas marinas, así que había muchas tareas que hacer, empezando muy temprano por la mañana. Después, mientras la ciudad todavía dormía, repartía periódicos. Recuerdo que iba en mi bici hasta en días de viento frío y desagradable, mi aliento formaba vaho y los dedos se me congelaban hasta los huesos. Mientras hacía la ruta casi no veía las caras de las familias, pero las pocas veces que las vi, no eran agradables. Hasta los perros me la hicieron pasar mal.

Pero nunca olvidaré el calor y la consideración que me demostró una joven pareja. Un día, la esposa estaba echando carbón de cocina en la entrada para cocer arroz. Le di los buenos días y le entregué el periódico.

Me saludó con una amable sonrisa, me dio las gracias y me comentó que yo siempre estaba de buen humor. Me dio un montón de rodajas de patatas dulces secadas (un plato

MISERICORDIA

japonés), y me explicó que les habían trasladado de su ciudad al norte del Japón el día anterior. Me dijo: "Espero que te gusten", y me dio recuerdos para mis padres. Otra vez, al terminar la ruta nocturna, la pareja me invitó a que me quedase cenar. Me hicieron muchas preguntas sobre mi familia. Les hablé de mi padre, que tenía una grave enfermedad y estaba en la cama.

El marido, para animarme, dijo: "La gente que lucha en su juventud tiene mucha suerte. Estudia mucho y conseguirás hacer cosas grandes". Aunque estos incidentes ocurrieron hace sesenta años, la amabilidad y preocupación que demostraron por mí todavía siguen grabadas en mi corazón.

LA VERDADERA AMABILIDAD

Intento tratar a la gente de un modo justo. ¿No basta con eso?

La consideración sale del corazón. En japonés, la palabra consideración se escribe con los pictogramas de "persona" y "preocupación". Por lo tanto, ser considerado es preocuparse por los demás, simpatizar con ellos, especialmente cuando están luchando en la tristeza, el dolor o la soledad. Estos pictogramas también pueden significar "excelente". Una persona verdaderamente considerada, que comprende el corazón de otros, es un ser humano excepcional, un erudito destacado de la vida. Preocuparse así por los demás es vivir del modo más humano. Es síntoma de un carácter extraordinario. Pero tener buen corazón no es lo mismo que ser considerado. Ser considerado significa llevar a la práctica tus sentimientos de buen corazón. Esto se manifiesta cuando se produce una injusticia. De hecho, si no tomamos acción en un momento crítico demostramos debilidad.

Ser considerado significa que cuantos más individuos sufren, más difícil es su comportamiento, más amor demuestras por ellos. Si lo haces, adquieres valor para ayudar a otro. La consideración significa también reconocer la infelicidad de otra persona como lo que es, tratando de comprenderla y compartir su sufrimiento. Esto te permitirá crecer y, a la vez, a ayudar a la otra persona a que se fortalezca.

La consideración es activa; es entrenarse en el arte de ayudar a los demás.

Lo importante no es sólo simpatizar o sentir pena por los demás sino comprender lo que están pasando.

MISERICORDIA

La empatía es fundamental. A veces, tener a alguien que comprende, puede dar fuerzas a otros para seguir.

Muchas personas valoran la consideración de los demás y quieren ser considerados pero, al mismo tiempo, no quieren implicarse demasiado. Estas personas tienen una idea equivocada de lo que es ser considerado; creen que significa mantener una distancia de seguridad con los demás para no herirlas ni ser heridas. Sin embargo, ser considerado significa permitirte a ti mismo acercarte a los demás y valorar y respetar la dignidad de cada persona. Recuerdo una historia sobre un profesor japonés con un gran corazón, al que todos los alumnos querían mucho. Cuando le preguntaban cuál fue el momento decisivo de su vida, contaba un incidente que tuvo lugar en su niñez. Un frío día de invierno, una madre y su hija, que trabajaban repartiendo cosas por la calle, fueron a su casa. La madre tocaba un instrumento de cuerda y cantaba mientras su hija bailaba.

Nevaba un poco, y él acababa de volver de la tienda con una bolsa de bollos. Se sentó a comérselas mientras miraba a las artistas. Cuando la canción terminó, le ofreció tacañamente a la niña un bollo medio comido.

Al verlo, su padre se acercó rápidamente a él enfurecido y le dio un azote. El padre se giró hacia las artistas, hizo grandes reverencias y les pidió disculpas por la falta de generosidad de su hijo. Además le insistió a su hijo para que les hiciese una reverencia y se disculpase. Después de dar a madre e hija unos pequeños paquetes de arroz, le dio a la niña el resto de los bollos de su hijo.

El padre quería hacer ver a su hijo que todas las personas son iguales y merecen el mismo respeto. Cuando el chico creció, nunca olvidó esta lección y destacó por su amabilidad con los demás.

También recuerdo al presidente fundador de nuestra organización, Tsunesaburo Makiguchi, que se convirtió en un destacado director de un colegio de Tokio. Cuando era profesor de la escuela primaria en Hokkaido, durante las tormentas de nieve, salía al encuentro de sus estudiantes conforme iban llegando. Siempre tenía agua caliente preparada en la clase para remojar suavemente las manos heladas de los niños, y les preguntaba: "¿Qué tal? ¿Te sientes mejor?" Más tarde, Tsunesaburo Makiguchi enseñaba en un colegio donde los estudiantes procedían de familias pobres. Además de preocuparse por los ocho miembros de su propia familia, antes de salir de casa, preparaba la comida para los niños que venían al colegio sin nada que comer. Colocaba la comida en un lugar discreto donde los niños necesitados pudieran tomarla sin sentirse avergonzados.

La capacidad de misericordia del corazón humano es enorme.

MISERICORDIA

AYUDAR CON VALOR

¿Qué pasa si eres rechazado o ridiculizado por tratar de ayudar a alguien? O si al ofrecer ayuda a otra persona la ofendes?

Es cierto que no se sabe cómo responderá la otra persona.

A veces, tus intenciones más sanas serán completamente rechazadas o puede que se rían de ti o te ridiculicen.

Pero recuerda que, si ocurre esto, darse la vuelta y enfadarse con la persona a la que tratas de ayudar no hace ningún bien a nadie. También es absurdo dejar que el miedo te paralice.

Al final, lo que cuenta es tu intención. Ten el valor para seguir tus instintos cuando se trate de ayudar a la gente. Tu vida sólo se desarrollará en la medida en que tomes iniciativas a favor de otros, al margen de cómo reaccionen a tu amabilidad. Consideración es igual a fuerza, así que cuanto más considerado seas con los demás, más fuerte te harás.

A Tsunesaburo Makiguchi, el primer presidente de Soka Gakkai, no le gustaba ver a gente pasiva sin hacer nada. Creía que las personas buenas pero pusilánimes, al no luchar contra el mal, terminan derrotados por él. Tsunesaburo Makiguchi solía decir: No hacer el bien es exactamente lo mismo que hacer el mal.

Digamos que alguien coloca un roca enorme en medio de la carretera. Esto es malicioso, ya que supone un problema para los que pasan por ahí. Entonces, pasa alguien y ve el gran obstáculo, pero, aunque sabe que provocará problemas graves, lo deja con la actitud de "bueno, yo no lo he puesto ahí". Esto puede parecer una respuesta inocua, pero en realidad si no mueves la roca causas el mismo problema a quienes pasen después que si fueras el que la puso al principio.

La mayoría de la gente tiene una chispa de calor o amabilidad en su corazón. Nadie nace sin corazón. Pero si, conforme pasa el tiempo, la gente deja que la bondad quede enterrada en el corazón por miedo a que les hieran, se volverán fríos y duros.

Del mismo modo, los egocéntricos y quienes piensan que todo el mundo va contra ellos tienden a ponerse la armadura de la insensibilidad y el engreimiento. Este comportamiento carece de humanidad.

El Buda siempre entabló el diálogo con la gente para ayudarles a combatir su sufrimiento. No esperaba a que los demás tomasen la palabra, ni se preocupaba por lo que pudieran pensar de él. Se dirigía a la gente de un modo cálido y sencillo.

MISERICORDIA

DEMOSTRAR TU PREOCUPACIÓN

¿Cuál es el mejor modo de ayudar a los demás?

Lo importante es el deseo sincero de ver a los demás felices. Y es algo por lo que deberíamos esforzarnos cada día. Tsunesaburo Makiguchi solía clasificar la bondad como pequeña, mediana o grande. Esto puede aplicarse también a la consideración: pequeña, mediana y grande.

Imagina, por ejemplo, que tienes un amigo que necesita dinero constantemente. Si le das dinero, es un acto de bondad pequeña, mientras que si le ayudas a buscar trabajo es un acto de bondad mediana.

Si tu amigo sufre porque tiene tendencia a ser irresponsable y vago, no le ayudarán ni el dinero ni que le des un trabajo. El dinero lo gastará, y tu amigo perderá, sin ninguna duda, el trabajo por sus hábitos negativos. La gran bondad significa ayudar a esa persona a enfrentarse a su pereza y despojarse de ella, ya que es la fuente de su sufrimiento. Dicho de otro modo, la gran bondad es demostrar y ayudar a enseñar un modo de pensar correcto.

Quienes ponen en práctica la auto capacitación que nos enseña el budismo de Nichiren, y que permite a la gente controlar sus vidas y renovar su determinación de vivir venciendo día a día, saben que no basta con trabajar por ser felices ellos mismos. Ninguno de nosotros puede ser feliz si los que nos rodean están pasándolo mal. Por lo tanto, los budistas practicantes encuentran que el modo de ser más considerados y preocuparse más es compartir estas enseñanzas con los demás.

Muchas veces, la gente no entiende los intentos de hacer un gran bien.

Tú también puedes encontrarte con cierto resentimiento cuando tratas de ayudar a alguien siendo muy considerado. Pero, sean o no valorados tus esfuerzos, mientras actúes con la mayor franqueza, la gente llegará a fiarse y apoyarse en ti. A su vez, te estarán muy agradecidos por el amor y la amabilidad y el acto de consideración que les has demostrado.

M
I
S
E
R
I
C
O
R
D
I
A

ENDULZAR LA VIDA
DE LA GENTE

Me gustaría ser esa clase de persona que puede endulzar la vida de la gente de algún modo.

La nobleza de una persona se manifiesta en su misericordia por los demás. La amabilidad y la consideración ante otros podemos hallarlas tanto en el concepto budista de la misericordia como el concepto cristiano fundamental del amor. Visto desde una perspectiva más amplia, existimos aquí gracias al calor, la amabilidad y el apoyo, no sólo de la gente que nos rodea, sino también de todo lo que hay en esta Tierra y en todo el universo.

Todos los seres vivos — las flores, los pájaros, el sol, el suelo — se apoyan mutuamente en la bella sinfonía de la vida. Desde que se creó este planeta hace más de cuatro mil millones de años, se han ido concibiendo y alimentando una forma de vida tras otra.

La vida humana es parte de esa cadena. Si faltase algún eslabón de la cadena en algún punto, ninguno de nosotros estaría hoy vivo.

Todos somos prueba de que la cadena no se ha roto.

La vida genera nueva vida. Seguramente esta es la consideración en su forma más básica. Si ahondamos en esta idea, creo que podemos decir que la Tierra en sí es un organismo viviente gigante lleno de consideración. La actividad de todo el universo es básicamente una función de misericordia.

La gente verdaderamente digna de alabanza tiene tendencia a mejorar y crecer, y el esfuerzo por desarrollarnos nosotros por encima de todo lo demás es un acto de auténtica consideración hacia los demás.

HACER FRENTE A
LA INSENSIBILIDAD

Siempre se meten conmigo porque soy minusválido.

Los que se ríen y burlan de ti son crueles y están equivocados. Crean una horrible carga de karma negativo para sí mismos al ignorar tu derecho a que te traten y respeten como un ser humano. Pero si dejas que sus insultos te afecten, será una derrota para ti como ser humano. Sin embargo, si eres fuerte, será una victoria.

Así que, en resumen, debes ser más fuerte. La tuya es también parte de la lucha por los derechos humanos. El que los demás reconozcan tus derechos no significa sólo que la gente sea simpática contigo. Enorgullécete de ti mismo como individuo, aunque tengas una incapacidad. Enorgullécete de tu misión en la vida. Para ser considerado, debes ser fuerte. También tenemos que ser fuertes para defender los derechos humanos, no sólo los nuestros, sino también los de los demás.

MISERICORDIA

DETENER LA AGRESIÓN

Veo mucha discriminación y mucha agresividad a mi alrededor.

La agresión es como la guerra en miniatura. La mezquindad, la arrogancia, la envidia, el egocentrismo, todas estas emociones básicas y destructivas vulneran los derechos humanos. A una escala mayor, se manifiestan como la guerra y la delincuencia.

Cualquiera que sea el motivo que la provoca, la agresión es mala. Es posible que quienes son agresivos con los demás tengan excusas para hacerlo: quizás quieren quitarse su dolor a costa de los demás. Pero se deban al motivo que se deban, la agresión y la discriminación no tienen ninguna justificación.

En última instancia, la agresión es un delito contra la humanidad. Parte de la lucha por los derechos humanos consiste en hacer frente a quienes causan destrucción y pena a los demás. Otra parte de la lucha consiste en proteger a las buenas personas.

Cuando no puedas hacer que los agresores dejen de meterse con los demás mediante tus propios esfuerzos, habla con alguien en quien confíes.

Piensa bien en algún modo de mejorar la situación.

Pase lo que pase, no te derrumbes si no puedes solucionar el problema.

Aunque no puedas hacer ni decir nada ahora, es importante reconocer que quienes se meten contigo o con otra persona actúan incorrectamente.

Si entras en la lucha y sólo te tumban, no se solucionará nada.

En lugar de decidir que eres inútil, concéntrate en desarrollarte para poder provocar un cambio positivo en el futuro.

M
I
S
E
R
I
C
O
R
D
I
A

AFRONTAR LA VIOLENCIA

Muchos jóvenes se están volviendo violentos. Algunos hasta están orgullosos de serlo. ¿Hay algo que pueda hacer?

Comprendo las palabras del presidente Clinton tras la tragedia de Colorado en la Columbine High School, donde trece estudiantes murieron a tiros: "Debemos ayudar a nuestros hijos y enseñarles a expresar su furia y a resolver sus conflictos con las palabras, no con armas". Estoy totalmente de acuerdo. No hay nada que me hiera más el corazón que el hecho de que los jóvenes, que poseen el infinito potencial para el futuro, destruyan sus propias vidas y las de los demás.

Cuando era joven, perdí a mi hermano mayor en la Segunda Guerra Mundial. Era una persona con un gran corazón que no estaba en absoluto de acuerdo con lo que estaba haciendo Japón. Cuando agonizaba por la invasión de China por Japón, dijo: "El ejército japonés no tiene corazón. Me dan mucha pena los chinos". Nunca olvidaré la imagen de mi madre de espaldas, con su espalda menuda estremeciéndose de dolor al saber que mi hermano había muerto en la guerra. En aquel momento, sentí que deberíamos abolir las guerras y la violencia de este mundo, a cualquier precio.

Aunque, evidentemente, es fundamental controlar los elementos externos de violencia aboliendo las armas, al final lo que hace falta es entender que la violencia surge de la condición innata del ser humano. El budismo denomina esta condición animalidad, un estado en el que uno se deja llevar por su instinto y no tiene sentido de la razón ni de la moralidad.

Aunque terminásemos con todas las armas de este planeta, la violencia nunca perecería aunque lográsemos controlar nuestra animalidad. Por esta importante razón, necesitamos cambiar la condición humana desde dentro.

He pedido en muchas ocasiones que se haga algo así como un concurso humanitario, donde todas las religiones que predican la tolerancia y la preocupación compitan para ver a cuántos individuos humanitarios pueden arrastrar. En todo caso, la clave es una educación basada en la dignidad de cada individuo.

La violencia es un mal absoluto. Por muy correcto que sea lo que dices, si recurres a la violencia para demostrarlo, eres un perdedor. Aunque parezca que triunfas como resultado de una acción violenta, al final terminarás perdiendo.

El budismo hace hincapié en la interconexión de todos los aspectos de la vida. La capacidad limitada de nuestros sentidos es lo que hace que demos tanta importancia a la distinción entre "ellos" y "nosotros". Debido a esta interconexión, utilizando la violencia, no sólo hieres o destruyes a la otra persona, sino también a ti mismo. Quienes utilizan la violencia y menosprecian las vidas de los demás, en realidad están menospreciándose a sí mismos y arruinando sus propias vidas.

Es importante entender que la esencia de la violencia es la cobardía. Cuando una persona es cobarde, utiliza la violencia. Este individuo carece del valor para dialogar.

Mahatma Gandhi dijo elocuentemente que "la falta de violencia no es un medio para encubrir la cobardía, sino que es la virtud suprema de los valientes... La cobardía es totalmente incoherente con la no violencia... la no violencia presupone la capacidad para atacar".

La capacidad de diálogo es la prueba del propio intelecto. Evidentemente, los máximos dirigentes de una

MISERICORDIA

nación son los máximos responsables de la difícil situación de la sociedad moderna, donde es habitual la violencia. Los adultos del campo de la política, la enseñanza y los medios de comunicación tienen también parte de culpa. Pero con sólo criticarlos no cambiará nada. Lo único que puedes hacer es sobresalir individualmente, creyendo que tus esfuerzos pueden contribuir a construir una sociedad distinta a partir de ahora. Puedes empezar ampliando el círculo no violento de tu entorno más cercano.

Dentro de Soka Gakkai International, la juventud americana está desarrollando actividades para pedir el final de la violencia.

Están poniendo en acción los siguientes compromisos.

1. Valoraré mi propia vida.

2. Respetaré cualquier tipo de vida.

3. Llevaré la esperanza a los demás.

Cuando seamos capaces de apreciar nuestras propias vidas, podremos valorar automáticamente también las de los demás.

Lo importante es hacer algo. El primer paso es empezar. Cero es cero, aunque lo multipliques por otros números. Pero como dice el refrán oriental, "El uno es la madre de decenas de miles".

LA VIOLENCIA CONTRA
LAS MUJERES

Hoy en día, parece haberse producido un aumento de la violencia física y sexual contra las mujeres. ¿Qué se puede hacer?

No hay nada tan vulgar como la violencia contra las mujeres.

La violencia no debe ser tolerada. Todos los hombres deben recordar esto, y deben ver a sus contemporáneas como hermanas cuyas vidas deben valorar.

Vergüenza de los hombres que no son gentiles.

Al mismo tiempo, es fundamental que las mujeres se protejan a sí mismas con sensatez y prudencia. Existen muchos grupos de ayuda a mujeres. Cuando te des cuenta de lo maravillosa que es tu vida, harás todo lo posible para protegerla. También es muy importante hacer caso a los consejos de tus padres y amigos en los que puedas confiar.

Las víctimas de la violencia suelen ser heridas tanto síquica como físicamente. Pierden la fe en la humanidad y muchas veces se sienten apagadas, como si sus vidas hubieran sido destruidas. Si eres víctima de malos tratos, recuerda que pase lo que pase, tu valor como individuo no cambiará nunca.

Abrázate con fuerza. Repítete a ti misma: "No permitiré que un incidente así destruya mi vida". Nadie puede destruir tu vida al mayor nivel. Aunque te hayan herido mucho, puedes mantener tu dignidad fundamental: nadie puede quitarte eso sin tu consentimiento.

El budismo enseña el principio de que el loto blanco puro crece en los lodazales. Del mismo modo, puede crecer

M
I
S
E
R
I
C
O
R
D
I
A

un estado vital maravilloso aun viviendo la realidad más dolorosa.

Por muy mal que te sientas, hay alguien sufriendo de un modo parecido en alguna parte, y tú puedes ayudarle porque le comprendes. Y existe un verdadero cariño en los corazones de los demás que, especialmente tú, puedes descubrir. Quizás no te apetezca mucho compartir tus problemas con los demás, pero con sólo una persona que tengas a la que comentar tus experiencias, si lo haces, podrás ver las cosas de un modo distinto. No debes sufrirlo todo tú sola. Existe un potencial innato increíble en tu vida. Si te fallas a ti misma, todo será mucho más horrible, porque aumentará el daño que ya te han hecho. No dejes nunca que tu sufrimiento haga que te abandones a ti misma.

Puede parecer extraño, pero los que más han sufrido o más tristes han sido, son los que más felices pueden ser luego. Con las lágrimas que hayas derramado puedes limpiar tu vida y hacer que brille. Seguir adelante es la esencia de la vida y el espíritu budista.

LA VISIÓN DE
CONJUNTO

- Comprender la igualdad

- El valor es la clave

- Los derechos humanos

- Ser ciudadano del mundo

- Iniciarse

- La amistad y la paz

- La preocupación por el medio ambiente

- Ejercer la protección del medio ambiente

- El papel de cada persona

COMPRENDER LA IGUALDAD

El mundo está lleno de odio. ¿Qué puede hacer una persona?

A menos que construyamos una sociedad que vea al ser humano no como un medio para conseguir un fin sino como el fin en sí mismo, seguiremos siempre atrapados en el odio, la infelicidad y la violencia, lo que el budismo llama un mundo de animalidad, donde los fuertes se comen a los débiles. Nos limitamos a repetir los mismos patrones.

Es fundamental enseñar a los ciudadanos de todas las naciones a verse ante todo a sí mismos y a los demás como seres humanos.

Debemos hacer que las personas sean conscientes de los derechos humanos mediante la educación. Nuestros colegios deben enseñar los derechos humanos, nuestros religiosos deben enseñar los derechos humanos, y nuestros gobiernos deben respetar los derechos humanos.

El corazón de un niño no discrimina. Si no les enseñasen otros a discriminar, los niños de todas las razas jugarían juntos felices. A los niños poco les importa que sus familias o sus amigos sean acomodados o el tipo de trabajo que desempeñan sus padres. Para ellos, todos los individuos son iguales.

En lo más profundo de nuestras vidas, cada uno de nosotros posee una preciosa espada llena de piedras preciosas que es sólo nuestra. Esta espada espiritual atraviesa las fuerzas negativas y defiende la justicia. Mientras seamos conscientes de que poseemos esta espada interior y la pulamos continuamente en favor del bien, nunca seremos vencidos. Ganaremos siempre. Esta espada preciosa es nuestro corazón, nuestra determinación. Si no la pulimos, crecerá torpe y débil, y si permanece envainada, no servirá para combatir obstáculos. No es una espada cruel y malévola que hiera a los demás sino una espada espiritual comprometida con el bien y que favorece a los demás y, como tal, es un tesoro infinitamente precioso. Quienes nunca desenvainan ni abrillantan su espada interior de la justicia llevan vidas temerosas y tímidas. Esta magnífica espada es tu carácter. Por lo tanto, abrillantar la espada que llevas dentro significa estudiar, hacer amigos y construir una personalidad sólida. Abrillantar la espada interior es el propósito de la práctica diaria budista.

Estuve con Nelson Mandela, antiguo presidente de Sudáfrica, en dos ocasiones. El presidente Mandela soportó veintisiete años y medio, casi diez mil días, encarcelado por sus actos antiapartheid. Es el campeón indomable de los derechos humanos que puso fin a la política inhumana de segregación racial en su país. Sudáfrica mantuvo un estado inigualado de discriminación violenta contra la mayoría de sus ciudadanos. Con el apartheid, para los sudafricanos negros era un delito ir en un autobús "sólo para blancos" o beber de una fuente "sólo para blancos", caminar por una playa "sólo para blancos", estar en la calle a partir de las once de la noche, viajar, estar en paro o vivir en determinados sitios. En resumen, los sudafricanos negros no eran tratados como seres humanos.

Lleno de rabia por la discriminación imperdonable que veía a su alrededor, Mandela se convirtió en el líder del movimiento antiapartheid. Esta pasión por la justicia era la espada llena de piedras preciosas que él blandía. Estudió, trabajó y adoptó una postura no violenta pero resuelta contra el gobierno, decidido a reformar completamente esta sociedad inhumana. Nunca cedió, ni tan siquiera bajo las condiciones infernales a las que fue sometido en prisión, y logró terminar con la tradición discriminatoria que había durado en Sudáfrica casi 350 años.

Quienes han sufrido persecuciones en nombre de la justicia son muy nobles. Mandela, que en un momento dado fue objeto de burlas y humillaciones, es respetado ahora en todo el mundo.

LA VISIÓN DE CONJUNTO

EL VALOR ES LA CLAVE

¿Cuál es el ingrediente esencial en la lucha por los derechos humanos?

Las personas sólo pueden guiar al mundo hacia la paz y el bienestar cuando tienen valor de enfrentarse ante la justicia, aunque sean las únicas. Cuando individuos así de valientes aúnan sus esfuerzos y se unen en una fuerte solidaridad, son capaces de cambiar la sociedad. Pero todo empieza por ti.

A partir de tu propio valor surge todo lo demás.

En su libro, *Dear Mrs. Parks: A Dialogue with Today's Youth* (Querida Sra. Parks: Un diálogo con la juventud actual), Rosa Parks, la madre del movimiento por los derechos civiles en Estados Unidos, escribe: "No tenía ni idea de que se estaba haciendo la historia. Estaba cansada de ceder. En cierto modo, sentía que hacía bien enfrentándome al conductor de ese autobús. No pensaba en las consecuencias. Supe que me podían haber linchado, maltratado o golpeado cuando vino la policía. Opté por no moverme porque tenía razón".

Rosa Parks encontró la valentía para hacer una denuncia porque creía que hacia bien. La valentía siempre surge de lo que es correcto, de la justicia. Viene del deseo de hacer lo que está bien, de crear una sociedad justa, y de ser un buen ser humano.

Si queremos hacer el bien, no sólo a nosotros mismos sino a la humanidad y al mundo, necesitamos valentía. La valentía es la energía que hace posibles estas acciones: puede que las acciones no hagan que sus autores llamen la atención, pero brillan de verdad con el resplandor del bien. Terminar con las agresiones en los colegios es un acto de valor. Así como lo es soportar los momentos difíciles y sobrevivir en circunstancias adversas.

También lo es intentar llevar una vida sincera y decente día a día. En cambio, la gente perezosa o que no se preocupa o va por mal camino no tiene el valor para enfrentarse a la vida diaria. En nuestras familias, o entre nuestros amigos, si decimos claramente nuestras opiniones, las cosas irán en una dirección positiva. Nuestro deseo de seguir en esa dirección y ayudar a los demás a que lo hagan también es un tipo de valor muy admirable. Digan lo que digan los demás, haz siempre lo que creas correcto. Si tienes la valentía para hacer eso, es como si tuvieras un arma mágica de ilimitado poder. En el budismo, llamamos a esa persona bodisatva, una persona dedicada a aliviar el sufrimiento de los demás.

LA VISIÓN DE CONJUNTO

LOS DERECHOS HUMANOS

¿Por qué hay tantos gobiernos, e incluso nuestra propia gente, que niega los derechos humanos?

Los gobiernos sólo cambiaran cuando las personas, una a una, decidan respetar los derechos de las personas que les rodean. Quienes son incapaces de ver a todas las personas como seres humanos iguales que ellos mismos son pobres de espíritu.

No tienen una filosofía importante de la vida. No reflexionan sobre las cuestiones más profundas de la vida. Sólo se preocupan de sus mezquindades. Nuestra sociedad está repleta de gente consumida por la avaricia, que explotan al débil y adulan al fuerte, pensando que su poder les hará felices.

Estas tendencias negativas son las que llevan a nuestra sociedad a discriminar a los demás y a ignorar los derechos humanos.

Además, los seres humanos tienden a rechazar y atacar cualquier cosa que sea un poco diferente. Somos todos humanos y eso es lo que importa.

Todo el mundo tiene derecho a florecer, a revelar todo su potencial como ser humano, a cumplir su misión en este mundo. Tú tienes ese derecho, al igual que todo el mundo. Eso son los derechos humanos. Desdeñando, violando y maltratando los derechos humanos de las personas se destruye el orden natural de las cosas. Valorar los derechos humanos y respetar a los demás es parte de nuestras tareas más importantes.

SER CIUDADANO DEL MUNDO

He oído el término "ciudadano del mundo". ¿Qué significa serlo?

Mucha gente cree que el término "ciudadano del mundo" significa una persona que habla bien un idioma. Pero implica mucho más que eso. Un ciudadano del mundo es el que puede hacer amigos fácilmente con gente de otros países, que no supone que los valores de su nación se aplican en todo el mundo, y que puede adoptar una perspectiva global, viendo más allá de las fronteras y las etnias.

También incluye a todos los que trabajan por la paz mundial, rezan de todo corazón por la felicidad de toda la humanidad y trabajan de un modo altruista por el bien de los demás. Los que tienen un sentido de la responsabilidad por el futuro del mundo y que entienden a quienes actúan con tesón pueden llamarse también ciudadanos del mundo. Así que, básicamente, para convertirte en un ciudadano del mundo, tienes que desarrollar tu carácter y tu sentido de la humanidad, así como tu voluntad de trabajar por el bienestar de las personas y la sociedad.

Existe una historia famosa sobre Chiune Sugihara, que, como Oskar Schindler, de la famosa Lista de Schindler, ayudó a los refugiados judíos a escapar del Holocausto durante la Segunda guerra mundial. En 1940, Sugihara era cónsul en el consulado japonés en Lituania. Una multitud de refugiados judíos procedentes de Polonia, donde estaban siendo masacrados, fueron a ver a Sugihara para pedirle visados para pasar a través de Japón a un tercer país.

Sugihara pidió tres veces al Ministerio japonés de Asuntos Exteriores que le diera luz verde para otorgar los

LA VISIÓN DE CONJUNTO

visados, pero el ministerio se negaba constantemente. Estaba muy molesto, pero al final tomó una decisión: "No podía abandonar a quienes venían a pedirme ayuda. De hacerlo, le hubiera dado la espalda a Dios". Así que hizo caso omiso de las órdenes y emitió los visados, salvando cerca de seis mil vidas.

Después de la Guerra, obligaron a Sugihara a dimitir del ministerio por desobedecer órdenes. En 1991, el ministerio le devolvió su buen nombre con carácter póstumo. Su viuda, Sachiko, dijo en una entrevista a un periódico: "Las vidas de toda la gente son valiosísimas, sean de la raza que sean. Mi marido estaba convencido de que no era correcto que un ser humano se negara a ayudar a los necesitados, especialmente si podía hacer algo". El verdadero ciudadano del mundo puede compartir, como ser humano igual, los sufrimientos y la tristeza, así como la felicidad y la alegría de otros, cualquiera que sea su nacionalidad o su etnia. Esta persona puede unirse a otras para fomentar los intereses humanos comunes.

Como ciudadano del mundo, es importante mantener la palabra.

Los políticos, incluso los de mi propio país, tienen fama de hacer promesas cuando visitan otras naciones, y luego las olvidan en cuanto ponen el pie en su tierra. Y esa no es la manera de ganarse la confianza de los demás.

La clave está en la amistad. Las virtudes que hacen falta para ser un ciudadano del mundo son: no traicionar nunca a los amigos y alimentar y desarrollar fuertes lazos de amistad.

Es posible que algunos piensen: "¿Para qué quiero ser un ciudadano del mundo?" Pero quieras o no, en este siglo en que el que debes encontrar tu lugar en la sociedad, el mundo se integrará todavía más.

El presidente egipcio, Hosni Mubarak, me comentó esta observación que oyó decir una vez a otro dirigente: "Hoy en día, ningún país puede producir ni una caja de cerillas por sí solo. El palo de la cerilla viene de un país, el azufre, de otra, la caja de otra, y el pegamento de otro. Tienen que cooperar muchos países para producir hasta una simple caja de cerillas".

La globalización de las mercancías y la producción se está produciendo a una velocidad pasmosa, al igual que la globalización de la información, especialmente con el crecimiento de Internet. Por estas razones, la globalización del intercambio de diálogos, de las bases, es absolutamente fundamental para guiar estos cambios tan rápidos hacia la paz.

LA VISIÓN DE CONJUNTO

INICIARSE

¿Qué puedo hacer para destacar en materia de derechos humanos?

Puedes empezar leyendo buenos libros. Descubrirás muchas cuestiones relativas a los derechos humanos en las páginas de estas obras.

Es más, puedes aprender a reconocer las virtudes positivas de otros. Uno de los primeros pasos para respetar los derechos humanos es apreciar y fomentar la individualidad de los demás.

También es importante forjarse una perspectiva sólida sobre la humanidad, dándose cuenta de que aunque haya gente distinta de ti, todos somos miembros de la misma familia humana.

Según un científico, la capacidad para diferenciar se encuentra en un nivel muy superficial del cerebro, mientras que la capacidad para encontrar puntos en común implica un procesamiento de la información muy sofisticado a un nivel mucho más profundo.

Quienes pueden llevarse bien con todo tipo de personas, viéndolas como iguales, como seres humanos semejantes, manifiestan la verdadera excelencia de su carácter. Son personas con una verdadera cultura y educación.

Cuánto más ricos sean nuestros corazones, nuestra humanidad, mejor podremos reconocer y valorar la humanidad de los demás. Quienes son agresivos y menosprecian a los demás no hacen más que menoscabar su humanidad. Los derechos humanos son el sol que ilumina el mundo. Así que son también el amor por la humanidad, la amabilidad y la consideración. Todos estos aspectos alumbran nuestro mundo. Su luz hace que las cerezas, las ciruelas y los melocotones florezcan gloriosamente en la sociedad, haciendo que todas las personas revelen su potencial único.

Tu misión es hacer que en el siglo veintiuno salga el sol de los derechos humanos. Para ello, haz primero que salga en tu corazón el valiente sol del amor por la humanidad. Francis William Bourdillon lo expresaba de un modo muy bello en su poema "Light" (Luz). La noche tiene mil ojos, Y el día sólo uno; pero la luz del mundo brillante muere cuando muere el sol.

La mente tiene mil ojos, y el corazón sólo uno; pero la luz de toda una vida muere cuando el amor se termina.

LA VISIÓN DE CONJUNTO

LA AMISTAD Y LA PAZ

¿Qué función tiene la amistad en la creación de un mundo pacífico?

La amistad es una de las principales bases de lo que significa ser humano. Es una fuerza conductora importante para la paz mundial y la mejora de la sociedad. Es el primer paso hacia la creación de una sociedad en la que la gente pueda vivir junta en armonía. Ampliando nuestro círculo de amistades, podemos crear la base para una sociedad pacífica.

En un mundo ideal, todas las personas serían amigas. Pero sabemos que, por desgracia, en el mundo actual esto no es así. Por eso es tan importante entablar activamente amistades con toda la gente que podamos. Debemos afrontar los retos de la realidad y hacer los cambios que podamos, por pequeños que sean. La acumulación de estos esfuerzos irá llevando progresivamente hacia la paz mundial duradera.

Al exponer sus enseñanzas, el Buda Shakyamuni siempre se dirigía a "todos los seres vivos". Creo que la frase "todos los seres vivos" incluye en sí este espíritu universal de la amistad, el espíritu según el cual todas las personas y todos los seres vivos son iguales de valiosos y merecen el mismo respeto, el espíritu que busca la felicidad para todos.

Estoy muy orgulloso de tener muchos amigos de carácter y virtudes destacados en todo el mundo. Y tengo estos amigos porque siempre he valorado cada encuentro y he atesorado a cada persona. Hasta las iniciativas más ambiciosas se reducen a relaciones de tú a tú que se acumulan a lo largo de los años. Siempre se trata del tú a tú. Siempre. Tras muchos años de experiencia, puedo concluir que nada es más noble ni más fuerte que los vínculos íntimos entre personas que comparten ilusiones y sueños y se comprometen a trabajar por la sociedad. Estas personas tienen una profunda convicción y una filosofía coherente. Luchan por llevar una existencia meritoria y contribuir de un modo útil a sus respectivas sociedades. La unidad y la cooperación entre las personas con aspiraciones tan altruistas son los mayores ideales de la amistad. Si esta amistad tan admirable dejase de existir, el mundo se sumergiría en una oscuridad eterna.

Nuestro círculo de amistades personales forma parte del círculo global de la amistad; es uno y el mismo. Una gota de agua del cielo, una gota de agua del río y una gota de agua del océano son sólo eso: una gota de agua, hasta que se acumulan. Los amigos que hacemos en nuestro pequeño círculo contribuyen a extender la amistad por todo el mundo. Hacer un amigo de verdad es un paso hacia la paz mundial.

LA VISIÓN DE CONJUNTO

LA PREOCUPACIÓN POR EL MEDIO AMBIENTE

Me preocupa el medio ambiente. ¿No estamos los humanos haciendo algo realmente equivocado con el camino que estamos tomando?

Sí. La destrucción de la naturaleza es la destrucción de la humanidad. La naturaleza es nuestro hogar. Toda la vida de este planeta, incluida, por supuesto, la vida humana, nació del entorno natural. No debemos nuestra existencia a las máquinas ni la ciencia. La vida de este planeta no se creó artificialmente. Somos fruto de la naturaleza.

Existen muchas teorías sobre los orígenes de la humanidad.

Algunos afirman que los primeros humanos aparecieron en África; otros sostienen que los seres humanos aparecieron en diversos lugares del mundo más o menos a la vez. Sea como sea, es indiscutible que la especie humana nació de la naturaleza.

Por eso, cuando más nos alejemos de la naturaleza, más nos desequilibraremos. A menos que nos demos cuenta de ello, nuestro futuro como especie corre peligro.

El problema no es nuevo. El filósofo francés y reformista social del siglo XVIII, Jean-Jacques Rousseau, autor de *El contrato social*, reclamaba el retorno a la naturaleza. La civilización, ya en su tiempo, se había tornado demasiado mecánica, demasiado basada en la ciencia y demasiado centrada en los beneficios, distorsionando la vida humana hacia la fealdad. Rousseau protestaba por este desarrollo desafortunado.

De hecho, todos queremos estar sanos. Por eso, queremos respirar aire puro, ver flores bonitas y vegetación.

Nos volvemos a la naturaleza para recuperar todo esto, igual que el girasol se torna hacia el sol. Debemos reconocer que cualquier acción que niegue esta inclinación constituye un craso error. Todo el dinero del mundo no comprará el azul del cielo. El sol y la brisa son de todos.

Nadie duda que la ciencia ha mejorado nuestras vidas.

Pero tenemos que conjugar el progreso de la ciencia con el progreso de nuestro compromiso por preservar y proteger nuestro entorno.

Necesitamos un equilibrio.

Por ejemplo, debemos recordar los bosques. ¿De dónde viene el oxígeno que respiramos y que nos mantiene vivos? De los bosques, de las plantas marinas. A las plantas les ha costado miles de millones de años crear este oxígeno.

¿Y qué hay del agua? La mayor parte del agua que utilizamos viene de los sistemas de los ríos. Llueva o brille el sol, el agua corre por los ríos. ¿Por qué? Porque los árboles y la tierra que los rodea absorben el agua, almacenándola bajo tierra, desde donde emana constantemente, poco a poco, formando los ríos. Si no hubiera bosques y si las montañas fueran tan duras como el asfalto, toda la lluvia que cayese en un día se precipitaría inmediatamente a los ríos y desembocaría directamente en el mar. Como una bañera que se vacía cuando tiras del tapón.

La tierra es otro regalo del bosque. Los pequeños animales y microbios ayudan a transformar las raíces y hojas muertas de los árboles en tierra fértil. Sin la tierra, no podríamos cultivar cereales ni verduras. No tendríamos comida y la humanidad perecería.

Hay muchos otros productos que vienen de los bosques. Sin ellos, no tendríamos ligas, ni papel, ni mesas ni muebles de madera, ni casas... Todo esto son también regalos del bosque.

LA VISIÓN DE CONJUNTO

Los bosques producen el aire que respiramos, el agua que bebemos, la tierra en la que cultivamos alimentos. De hecho, todos los aspectos de nuestras vidas son posibles gracias a los árboles.

Y creo que pocas veces nos damos cuenta de que, a menos que cuidemos los bosques, no podremos pescar peces en el mar. Sin bosques, toda la lluvia desembocaría directamente en el mar río abajo. Esa lluvia se llevaría consigo grandes cantidades de limo. El limo podría enturbiar el agua del mar, impidiendo el paso de la luz y bajando la temperatura del mar, de modo que sería demasiado frío y muchos peces no podrían vivir en él.

Los bosques producen además nutrientes que van a parar al mar y se convierten en comida para la vida marina. Los bosques protegen la vida del mar.

La vida es una cadena. Todo está interrelacionado. Cuando un eslabón se altera, los demás se ven afectados. Deberíamos ver el medio ambiente como nuestra madre: la madre tierra, la madre mar. No hay delito mayor que hacer daño a una madre.

LA PREOCUPACIÓN POR EL MEDIO AMBIENTE

¿Acaso no nos conciernen a todos los problemas del medio ambiente?

Sí. El budismo explica la vida como un sistema de diez fases o estados vitales: los estados de infierno, hambre, animalidad, ira, humanidad, éxtasis, aprendizaje, realización, bodisatva y budeidad. El estado de humanidad está justo en medio, con estados vitales más nobles por encima y estados peores por debajo. Los estados inferiores son estados de vida innaturales, estados que se oponen a la naturaleza. Las cinco fases que se encuentran por encima de la humanidad valoran la naturaleza y se esfuerzan por crear un paraíso cuya belleza florezca profusamente.

La cuestión es si nos dejamos arrastrar a los estados más bajos o avanzamos a los estados más altos. La inteligencia, la cultura y la fe religiosa son las únicas que pueden librarnos de la animalidad que consume irreflexivamente la naturaleza, dejando una tierra yerma y árida. Según el principio budista de la unidad de la vida y su entorno, una mente estéril y destructiva genera un entorno natural devastado y estéril. La desertización de nuestro planeta está relacionada con la desertización del alma humana. La guerra es el ejemplo más extremo de este impulso destructivo. La guerra destruye tanto la naturaleza como el alma humana.

El siglo XX ha sido un siglo de guerras. Debemos hacer de este siglo el siglo de la vida. En el siglo XXI debemos hacer de la vida la máxima prioridad en todos los aspectos de la actividad humana: en el comercio, en los gobiernos, en la ciencia.

LA VISIÓN DE CONJUNTO

Dependemos de la Tierra, y no al revés. Con nuestra arrogancia lo hemos olvidado de un modo inadmisible. El astronauta soviético Yuri Gagarin, el primero que vio la Tierra desde el espacio, lo bautizó como el planeta azul. Este es un gran testimonio. El azul de los océanos y el blanco de las nubes son la prueba de que la Tierra es el planeta del agua, un planeta salpicado de vida. Por eso pienso que es importante tener una filosofía que reconozca todas las cosas del universo como seres vivos y sagrados. La enseñanza fundamental del budismo es que la vida de Buda reside en cada planta y cada árbol, incluso en la más insignificante mota de polvo. Es una filosofía basada en una reverencia profunda a la vida.

EJERCER LA PROTECCIÓN DEL MEDIO AMBIENTE

¿Cómo podemos solucionar problemas aparentemente pequeños, como las basuras?

Tirar basura o latas de aluminio al borde de la carretera es un comportamiento egoísta de quien vive en un estado que el budismo denomina el mundo de la animalidad. Estas acciones demuestran un egoísmo que no se preocupa para nada por los demás. Es un modo innatural de vivir. Una persona que ama la naturaleza es sencillamente incapaz de arrojar basura. Tirar la basura sin cuidado es tirar la propia humanidad.

Del mismo modo, quien ama la naturaleza es capaz de amar a los demás seres humanos, valorar la paz y poseer una riqueza de carácter que no se ve limitada por los cálculos de las ganancias y pérdidas personales. Quienes se pasan la vida calculando el camino terminarán calculando su propio valor de la misma manera. Una vida así tiene demasiadas limitaciones.

Es posible que la gente piense que no se obtiene ninguna recompensa por recoger la basura que otros han tirado. Pero es importante hacerlo por amor a la naturaleza, sin pensar en lo que se puede ganar o no.

Sólo podemos vivir del mejor modo como seres humanos mediante acciones altruistas. Con todo lo que ha avanzado la tecnología, es más importante que nunca que cada persona desarrolle una conciencia de la protección ambiental.

Cualquier mejora material aparente es simple ilusión a menos que mejoremos la calidad fundamental de nuestras vidas.

EL PAPEL DE CADA PERSONA

¿Como individuo, puedo influir de algún modo?

Por supuesto. El esfuerzo de cada individuo es fundamental, y de hecho es mucho más fácil hablar de la protección medioambiental que ponerla en práctica. A veces hay obstáculos, y a veces practicándola podemos incluso poner en peligro la vida.

No sé si habrás oído hablar de la bióloga marina americana Rachel Carson. Escribió un libro innovador llamado *Primavera silenciosa*, publicado en 1962, donde abordaba el problema de la contaminación.

En aquel momento, se utilizaban potentes insecticidas, como el DDT, en todo Estados Unidos. Al principio, parecían eficaces, pero poco a poco la gente empezó a enfermarse y a demostrar síntomas de envenenamiento por los productos químicos.

Algunos insectos, peces y aves beneficiosas estaban desapareciendo del panorama. Si no hay pájaros que canten, escribió Carson, nos espera una primavera silenciosa.

Su libro anunciaba estos hechos al público e instaba a que se prohibiesen los pesticidas peligrosos. Cuando apareció su libro, fue atacada fuertemente. Fue atacada por grandes empresas que amasaban enormes fortunas fabricando los pesticidas, y por los funcionarios y políticos que estaban por encima de esas empresas, porque lo que decía era cierto. Estos ataques se producen siempre cuando alguien dice una verdad que no agrada. Debemos aprender a detectar las farsas de quienes están en el poder.

Todos los que estaban relacionados con la industria de los pesticidas, incluso las revistas de agricultura, emprendieron una campaña para desacreditarla. Hubo quien escribió: "Su libro es más venenoso que los pesticidas que condena". Las organizaciones estatales de investigación se unieron a la campaña: organizaciones de investigación que, valga decirlo, recibían grandes cantidades de financiación de las empresas químicas.

Fue una gran campaña para acallar la *Primavera silenciosa*. Hasta a la Asociación médica americana afirmó que los efectos de los pesticidas no suponían ninguna amenaza para los seres humanos si se utilizaban siguiendo las instrucciones de los fabricantes.

Pero Rachel Carson no se dio por vencida. Y fue aún más lejos, declarando que los pesticidas eran sólo una parte de la historia de los venenos que amenazaban al mundo.

Al final, consiguió el apoyo de la gente, y la preocupación por el medio ambiente empezó a extenderse por Estados Unidos y por todo el mundo. La antorcha de la fe siguió ardiendo después de su muerte en 1964 y ha crecido de un modo increíble hasta transformar la conciencia pública.

Carson dejó estas palabras en The Sense of Wonder (El sentido de lo maravilloso) para la generación joven: "Quienes insisten, como científicos o profanos, en las bellezas y los misterios de la tierra nunca están solos ni cansados de la vida". Un dicho keniata afirma que debemos tratar bien a la Tierra; no es un regalo de nuestros padres sino un préstamo de nuestros hijos. Pero los adultos de nuestros días les están dejando una herencia lúgubre a los jóvenes de hoy y a los hijos que tengan. Con su filosofía de que ganar dinero es el objetivo más importante, están vendiendo todo vuestro legado: la salud, la cultura, el medio ambiente, e incluso la vida que ha protegido y alimentado la naturaleza durante tantos millones de años.

Es tu legado, así que debes actuar. Los que no han olvidado la belleza y maravilla de la Tierra, deben hacerse oír. Tú lucha por proteger el siglo XXI, tu siglo, el siglo de la vida, ha empezado ya.

Un eslogan popular dice: "Sé amable con nuestro planeta", pero realidad es el planeta el que ha sido amable con nosotros. Detrás de cada uno de nosotros no sólo hay cuatro mil millones de años de amabilidad de la Tierra, sino la misericordia de todo el universo desde siempre.

Por lo tanto, es importante que no denigremos ni menospreciemos nuestras vidas. La vida es el más preciado de todos los tesoros.

Todos ustedes han recibido este valiosísimo regalo y son todos insustituibles. Los que nos dan la vida: el universo, la tierra y las madres, quieren a sus hijos. Lo más esencial para el siglo XXI es que difundamos en la sociedad esa consideración absoluta y fundamental, esa profunda compasión por la vida.

Si lo hacemos, desaparecerá la guerra y la violación los derechos humanos, así como la destrucción del medio ambiente.

EPÍLOGO

Los jóvenes son la clave del futuro. Sí, es bastante fácil decirlo. Pero sé que muchos de ustedes se preguntan si pueden hacer algo que realmente merezca la pena, algo que sirva a la larga, ahora que el mundo está tan agitado. Pero sé que pueden porque son ustedes. Y lo harán.

Los que viven en Estados Unidos tienen una oportunidad única. América les ofrece una gran libertad, pero al mismo tiempo tiene sus nubarrones. Con todos sus aspectos positivos y negativos, en cierto modo refleja el estado de nuestro mundo actual en su conjunto. Así que los problemas a los que se enfrentan los que viven en América son, en ese sentido, los problemas de todas las personas en todas partes. Y el éxito de ustedes es la esperanza, no sólo para América sino para todo el mundo.

Los problemas con los que se topan ustedes en sus años de juventud difícilmente podrán solucionarse en un día. Por muy imposibles que parezcan de resolver, si se enfretan a ellos con valor, estoy seguro de que los superarán con el tiempo.

Sigan aprendiendo, sigan intentando, sigan adelante hasta que, al final, hayan convertido la derrota en una victoria: ese es la verdadera manera de los jóvenes.

— Daisaku Ikeda

DAISAKU IKEDA es el presidente de la Soka Gakkai Internacional, uno de los movimientos Budistas de más rápido crecimiento y dinámica renovación de la era moderna. Con doce millones de miembros en 185 países, la SGI promueve la educación, el intercambio cultural internacional y la paz. La filosofía de la SGI se basa en las enseñanzas de Nichiren, un reformista y maestro japonés del Siglo XIII, quien basado en el Sutra del Loto, expuso la santidad de la vida humana como valor primordial.

Como dirigente inspirador de millones de personas, Daisaku Ikeda ha dedicado particular atención al desarrollo de la juventud a lo largo de cincuenta años de práctica del Budismo de Nichiren Daishonin y de los cuarenta años al frente de la Organización Internacional Soka Gakkai. A los 19 años de edad, abrazó las enseñanzas de Nichiren y se convirtió en el sucesor de su maestro Josei Toda en 1960.

Un activista por la paz, el Sr. Ikeda ha recorrido más de 50 países reuniéndose y sosteniendo diálogos con innumerables personas, entre ellas dirigentes políticos e intelectuales, siempre fiel a su creencia de que la paz se forja mediante el intercambio de persona-a-persona. Ha sido honrado y galardonado con cientos de distinciones alrededor del mundo, incluyendo el Premio de la Paz de las Naciones Unidas.

El Sr. Ikeda es fundador de un sin número de instituciones dedicadas a promover la cultura y la educación, entre ellas, el Sistema de Educación Soka en Japón, Malasia, Singapur y Hong Kong, al igual que la Universidad Soka, de la cual su más reciente logro es el nuevo centro de estudios de Aliso Viejo, California que abrió en el año 2001.

Ha escrito más de 200 obras literarias, muchas de las cuales han sido traducidas en diversos idiomas, entre sus obras se encuentran: *The Living Buddha; Buddhism, the First Millennium; The Flower of Chinese Buddhism; Choose Life* (a dialogue with Arnold Toynbee) *and A Lifelong Quest for Peace* (a dialogue with Linus Pauling). Es también autor de numerosos libros para niños y libros de poemas.

AGRADECIMIENTOS

Nuestro más profundo agradecimiento a las siguientes personas, cuya valiosa contribución hizo posible la publicación de la obra *A la manera de los jóvenes*: Carol Southern, Carolyn Porter, Alan Gadney, Sharon Gayle, Pat Loeb, Steven Sater, Julie Remke, Jeffrey Martin, Stacey Applebaum y Martha Mauny.

Los Editores